LEA MICHELE
DIÁRIO DE UMA ESTRELA EM ASCENSÃO

LEA MICHELE
DIÁRIO DE UMA ESTRELA EM ASCENSÃO

São Paulo
2016

UNIVERSO DOS **LIVROS**

Copyright © 2014 by Lea Michele
All rights reserved.

© 2016 by Universo dos Livros
Todos os direitos reservados e protegidos pela Lei 9.610 de 19/02/1998.
Nenhuma parte deste livro, sem autorização prévia por escrito da editora,
poderá ser reproduzida ou transmitida sejam quais forem os meios empregados:
eletrônicos, mecânicos, fotográficos, gravação ou quaisquer outros.

DIRETOR EDITORIAL
Luis Matos

REVISÃO
Geisa Oliveira

EDITORA-CHEFE
Marcia Batista

PROJETO GRÁFICO ORIGINAL
Jennifer K. Beal Davis para Ballast Design

ASSISTENTES EDITORIAIS
Aline Graça e Letícia Nakamura

ARTE E ADAPTAÇÃO DE PROJETO GRÁFICO
Francine C. Silva e Valdinei Gomes

TRADUÇÃO
Natália Tadeu

FOTO DE CAPA
Peggy Sirota

PREPARAÇÃO
Sandra Scapin

CAPA
Rebecca Barboza

Dados Internacionais de Catalogação na Publicação (CIP)
Angélica Ilacqua CRB-8/7057

M57L

Michele, Lea

Diário de uma estrela em ascensão / Lea Michele ; tradução de Natália Tadeu.
– São Paulo: Universo dos Livros, 2016.

208 p.: il., color.

ISBN: 978-85-503-0014-6

Título original: *Brunette Ambition*

1. Michele, Lea, 1986- 2. Personalidades da televisão - Biografia 3. Autoajuda
I. Título II. Tadeu, Natália

16-0686   CDD 927

Universo dos Livros Editora Ltda.
Rua do Bosque, 1589 – Bloco 2 – Conj. 603/606
CEP 01136-001 – Barra Funda – São Paulo/SP
Telefone/Fax: (11) 3392-3336
www.universodoslivros.com.br
e-mail: editor@universodoslivros.com.br
Siga-nos no Twitter: @univdoslivros

Este livro é dedicado à minha linda mãe: obrigada por ser a rede de segurança que sempre me permitiu buscar alcançar as estrelas.

SUM

CARTA AOS FÃS	9
CAPÍTULO 1: O QUE ME FAZ SER EU MESMA	11
CAPÍTULO 2: O MUNDO DOS ESPETÁCULOS	27
CAPÍTULO 3: CUIDADOS PESSOAIS	47
CAPÍTULO 4: POR AMOR À COMIDA	63
CAPÍTULO 5: VIVENDO UMA VIDA EM FORMA	91
CAPÍTULO 6: ESTILO DO DIA A DIA	109
CAPÍTULO 7: MODA NO "TAPETE VERMELHO"	121
CAPÍTULO 8: O GLAMOUR DE HOLLYWOOD	135
CAPÍTULO 9: AMIZADE	169
CAPÍTULO 10: MINHA VIDA NO GLEE	187
AGRADECIMENTOS	205

Tenho tido muita sorte na vida – tanto em *Glee* como em outros projetos – por contar com esse extraordinário sistema de apoio de todos vocês. Vocês realmente tornaram a minha jornada maravilhosa, e tenho certeza absoluta de que foram fundamentais para que eu chegasse até aqui.

Este livro conta a história de como cheguei onde estou, por mais incrível e inesperada que essa jornada tenha sido. Espero que cada um de vocês possa extrair dele algo útil, que o inspire e motive, e também que o faça ter certeza de que qualquer coisa que queira realizar em sua vida é completamente possível. Afinal, com uma sorte inacreditável e muito trabalho duro, eu consegui fazer muitos dos meus sonhos se tornarem realidade.

Agradeço especialmente a Cory, meu maior fã, que leu quase todos os capítulos deste livro. Como eu, ele também é muito grato por todo o apoio que tive de vocês. Cory vive nestas páginas: ele não apenas me deu inúmeras dicas práticas quanto à edição deste livro, como brilha em tudo o que fiz na vida e tem sido uma incrível fonte de amor e inspiração. Eu não poderia ter escrito este livro sem ele.

CAP. 1

O QUE ME FAZ
SER EU MESMA

"Um ser humano só é interessante se estiver em contato consigo mesmo. Aprendi que você tem de confiar em si, ser o que é, e fazer o que tem de fazer do jeito que deve fazer."

-BARBRA STREISAND

A credito piamente que o lugar de onde uma pessoa vem faz dela *quem ela é*, e que quando ela enaltece as suas raízes e se concentra em como essas raízes a tornam diferente, existe uma probabilidade maior de essa pessoa se tornar a melhor versão de si mesma. Felizmente, o mundo está cada vez mais em sintonia com a singularidade das pessoas, exaltando tudo o que as torna um pouco diferentes; portanto, ignorar as peculiaridades capazes de nos destacar é um erro. Eu nunca tentei me comportar como dita a sociedade nem procurei me "encaixar", pois, de fato, só sabia ser eu mesma. Acredito que isso tenha acontecido porque meus pais incutiram muita autoconfiança em mim e sempre me fizeram acreditar que eu era simplesmente perfeita do jeito que era. Tenho muito orgulho de ser quem sou, e devo tudo isso à minha família, que é a essência do meu ser e o alicerce da minha história.

E a minha história começa no Bronx, onde nasci, filha de pai judeu e mãe italiana. Meus pais se conheceram quando eram adolescentes, na área de lazer da vizinhança. Imagine só a situação: meu pai, com um gigantesco equivalente judaico do penteado *black power*, aproximou-se da minha mãe de patins e pediu-lhe que cheirasse o seu cabelo. Um perfume chamado Herbal Essences tinha acabado de chegar às lojas, e ele imaginou que isso causaria nela uma ótima impressão. Pelo jeito, deu certo, e ele, de fato, causou uma ótima impressão, tanto que estão casados há mais de trinta anos.

Embora tenham crescido no mesmo quarteirão, meus pais não poderiam ser provenientes de mundos mais diferentes: meu pai vem de uma pequena e tradicional família

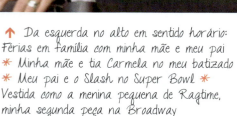

↑ Da esquerda no alto em sentido horário: Férias em família com minha mãe e meu pai ✳ Minha mãe e tia Carmela no meu batizado ✳ Meu pai e o Slash no Super Bowl ✳ Vestida como a menina pequena de Ragtime, minha segunda peça na Broadway

judaica, ao passo que minha mãe vem de um imenso clã italiano – apenas desse lado da família, tenho dezenove primos mais novos que eu. Meus pais são mais complementares um do outro do que parecidos entre si, mas, apesar disso, são melhores amigos. Minha mãe é enfermeira aposentada, e herdei dela o meu lado emotivo e solidário, assim como a minha capacidade de atravessar momentos difíceis. Ela nem sempre teve uma vida fácil. Sua infância foi incrivelmente dura, tendo perdido três de seus seis irmãos, e a fase posterior também não se pode dizer que tenha sido um mar de rosas: quando eu tinha 19 anos, ela foi diagnosticada com câncer de útero. Entretanto, mesmo tendo todas as razões do mundo para sentir-se desgostosa pelo que passou, nunca fez papel de vítima – é a mulher mais amorosa, compassiva e forte que existe e está sempre cuidando dos outros.

Já meu pai, ex-proprietário de uma *delicatessen*, é um trabalhador dedicado, sempre apressado, além de ser um piadista nato, o que torna tudo divertido. Dele, herdei a ética no trabalho e a capacidade de fazer de um limão uma limonada. Quando eu estava no colégio, ele vendeu a *delicatessen* e entrou para o ramo imobiliário, melhorando bastante a nossa qualidade de vida: ele é o tipo de pessoa que sempre corre atrás do que quer, e jamais pensaria em ficar parado, sem fazer nada, esperando que uma oportunidade lhe batesse à porta.

Com ele é assim: conhece alguém em uma festa e, vinte minutos depois, já está fechando um negócio imobiliário. Quando, no Super Bowl, nós compartilhamos um camarote com o Slash,[1] ele se promoveu tanto como um potencial cantor substituto para o Guns N' Roses (ele não possui nenhuma instrução musical, mas estava tão determinado, que esperava obter a colocação), que eu realmente cheguei a pensar que o Slash poderia conseguir uma brecha para ele entrar na banda. Seja falando sério, seja na brincadeira, papai vive sua vida sem medo e não tem vergonha de fazer o que for preciso para ir atrás do que quer. Sua filosofia é que ninguém virá até você, implorando para que aceite um trabalho (ou, no meu caso, um papel). Foi com ele que aprendi a ficar ligada. Por conta disso, quem não me conhece pode pensar que vivo desempregada, pois estou *sempre* procurando um novo trabalho. Nunca sou complacente, nunca sou passiva; estou sempre atrás da próxima oportunidade, e devo isso a meu pai, que me ensinou a me "mexer".

Quando eu tinha 4 anos, meus pais decidiram que não queriam que eu me tornasse insensível por causa da vida na cidade, e por conta disso nos mudamos do Bronx para uma região mais rural de Nova Jersey. E foi lá que uma bizarra, mas maravilhosa, reviravolta do destino me levou a ser lançada na Broadway (falarei mais sobre isso adiante). A expressão "pais de atores infantis" me causa arrepios, mas os meus eram praticamente o oposto do clichê. Em primeiro lugar, eles nunca planejaram ser pais de uma atriz mirim – quando, em 29 de agosto de 1986, eles trouxeram ao mundo Lea Michele Sarfati, jamais teriam adivinhado, nem em um milhão

> ESTOU *SEMPRE* PROCURANDO UM NOVO TRABALHO. NUNCA SOU COMPLACENTE, NUNCA SOU PASSIVA; ESTOU SEMPRE ATRÁS DA PRÓXIMA OPORTUNIDADE, E DEVO ISSO A MEU PAI, QUE ME ENSINOU A ME "MEXER".

de anos, que ela iria trabalhar na Broadway e começar a participar de um seriado de TV em Los Angeles. Eles foram completamente despretensiosos sobre essa coisa toda. Tratava-se apenas de um casal – ele proprietário de uma *delicatessen* e ela enfermeira em tempo integral –, cuja única ambição era criar uma filha feliz e saudável. Eles não alardearam o meu sucesso precoce, assim como não projetaram suas fantasias em mim – ser atriz era uma coisa minha, e eles não quiseram se aproveitar dos meus refletores. Minha carreira de atriz era simplesmente uma atividade extracurricular que me fazia feliz, e minha aparente satisfação em praticá-la era motivo suficiente para que eles permitissem que eu me mantivesse nela. O fato de eles nunca terem feito qualquer tipo de pressão nem terem criado expectativas para mim é a razão de eu ainda estar atuando e cantando até hoje. Eu não teria sido nada sem a criação que tive: as cores e as texturas que essa criação me proporcionou são o motivo de eu ser quem sou – e, sem querer simplificar demais as coisas, é exatamente por eu não ser como todas as outras garotas que cheguei onde estou hoje.

---

1 Considerado um dos maiores guitarristas de todos os tempos, Slash é um músico britânico-americano mundialmente famoso como integrante da formação clássica da banda Guns N' Roses, com a qual alcançou sucesso mundial no final da década de 1980 e início dos anos 1990. (N. T.)

BUSCANDO MODELOS DE INSPIRAÇÃO

Quando eu estava crescendo, ninguém nos programas de televisão populares se parecia comigo. Meu programa favorito era *Galera do Barulho*, e mesmo idolatrando todas as crianças naquelas salas do ensino médio, eu não conseguia me enxergar em nenhuma delas. Tenho certeza de que as pessoas esperariam que isso fizesse de mim uma menina triste, mas minha mãe certificou-se de me fazer ver que havia um mundo inteiro lá fora, um mundo que ia além do pacote básico da TV a cabo. Ela sempre assistia a filmes antigos, como *Amor, Sublime Amor* e *Funny Girl – Uma Garota Genial*, e foi com eles que eu descobri mulheres como Natalie Wood e Barbra Streisand. (Na verdade, meus pais costumavam dizer que eu bem poderia ser filha de Jim Carrey com Natalie Wood.) Ver aquelas mulheres atuando acendeu uma luz dentro de mim e fez que eu me sentisse muito empolgada, pois havia algo nelas que eu enxergava em mim. Eu era desajeitada e estranha como Barbra, mas entendia que, mesmo assim, ela era considerada bela, o que achei muito reconfortante. Quando eu assisti a *Funny Girl*, acabei percebendo que o senso de humor de Barbra é o que a torna tão atraente, e quando finalmente me dei conta de que podia cantar, Natalie e Barbra se tornaram ainda mais significativas para mim: eu queria fazer o que elas fizeram. Reencenei vezes sem conta aquele momento de *Amor, Sublime Amor*, no qual Maria se debruça sobre o corpo sem vida de Tony. E, enquanto algumas de minhas amigas viviam no mundo de *Barrados no Baile*, com garotos "fofos" e quilos e quilos de gel no cabelo, eu vivia no mundo de *O Mágico de Oz*, com árvores cantantes e sapatinhos de rubi. Uma das coisas legais de *Glee* é que o seriado apresenta um mundo de colégio que é tão diversificado, tão maravilhosamente singular, tão multicolorido e multidimensional, que, seguramente, crianças em todos os pontos do planeta podem se ver refletidas nele. Busque no mundo um modelo inspirador até encontrar alguém que esteja em consonância com a sua alma: neste mundo, é muito importante, e muito *reconfortante*, ter postes de luz que possam clarear o seu caminho.

O DIA EM QUE CONHECI BARBRA

Em janeiro de 2011, Barbra Streisand foi homenageada no Grammy Awards, e, como manda a tradição, algumas noites antes da cerimônia houve uma arrecadação de fundos da MusiCares em seu nome. Fui convidada para cantar, uma vez que o meu amor por ela é bastante conhecido, o que foi incrivelmente emocionante. Havia uma infinidade de músicos extremamente talentosos no rol de profissionais que fariam as interpretações de suas canções, como Faith Hill, Stevie Wonder, Seal, entre outros, e eu, que cantei "My Man", de *Funny Girl* – de todas as músicas do mundo, essa é a minha favorita. E lá estava ela na plateia, bem de frente para mim. Eu estava incrivelmente nervosa – não havia como me preparar completamente para cantar na frente do meu ídolo –, mas tão honrada e feliz por estar naquele palco, que encarei o desafio e mandei ver muito bem.

Eu esperava conhecê-la naquela noite, mas ela foi cercada por um mar de gente, e, enquanto eu me dirigia até ela, sua equipe levou-a para longe. Imaginei que a minha chance estaria perdida para sempre.

Algumas noites depois, eu participei do Grammy Awards, porque estava apresentando um prêmio, e Barbra cantou quatro músicas naquela noite, uma das quais "Evergreen", que eu amo – foi a primeira vez que a ouvi cantar ao vivo. Deixei cedo a cerimônia, a fim de evitar a correria dos manobristas após o evento, e estava ali na calmaria antes da tempestade, aguardando meu carro, quando senti um tapinha no ombro. Virei-me e era Barbra. Ela disse: "Eu só queria agradecê-la por me apresentar à sua geração". Dei-lhe um grande abraço e lhe disse que a achava incrível, e ela olhou para mim e perguntou: "Eu me saí bem hoje à noite?". Então, eu disse: "Você foi espetacular". E foi só isso. Assim que ela se foi, eu comecei a chorar histericamente. Às vezes, você conhece os seus ídolos e eles não preenchem as suas expectativas, mas aquele momento foi um dos melhores da minha vida. Assim que o meu carro chegou, liguei para Ryan Murphy para dizer-lhe que estava tudo terminado: eu conhecera Barbra e já não havia mais necessidade de estar nesse negócio, uma vez que todos os meus sonhos haviam se tornado realidade.

> ÀS VEZES, VOCÊ CONHECE OS SEUS ÍDOLOS E ELES NÃO PREENCHEM AS SUAS EXPECTATIVAS, MAS AQUELE MOMENTO FOI UM DOS MELHORES DA MINHA VIDA.

Chris Colfer e eu fomos vê-la no Hollywood Bowl com Dante Di Loreto, um dos produtores de *Glee*. Era uma noite linda para se sentar sob as estrelas e ouvir Barbra, e ela cantou de forma muito bela, parecendo muito relaxada. Chris e eu ficamos de mãos dadas o tempo todo e choramos, especialmente quando ela cantou "Happy Days Are Here Again", canção que Chris e eu cantamos juntos em *Glee* e apresentamos durante todas as turnês de concertos de *Glee*. Terminado o show, Chris queria que nós fôssemos até o camarim para cumprimentá-la, mas eu não queria estragar a lembrança do momento perfeito em que a conheci no Grammy. Além disso, a simples ideia de estar na presença dela me deixava extremamente nervosa. Então, amarelei. Algumas semanas depois, eu estava verificando meus e-mails e vi que Barbra me enviara uma cópia do programa daquela noite, com uma mensagem que dizia: "Obrigada por comparecer ao meu show; queria que tivesse ido aos bastidores, eu teria gostado de dar um abraço em você". E foi aí que eu morri de vez.

Algumas das minhas coisas favoritas

Funny Girl – Uma Garota Genial. Amo a história de uma mulher que luta entre o amor e a carreira; além disso, a música é simplesmente incrível.

Quase Famosos. Meus pais cresceram em uma cultura de concertos de rock – eles foram a milhares deles –, e o resultado disso foi a obsessão profunda de meu pai por rock clássico… Black Sabbath, Pink Floyd, The Who. Esse foi o vocabulário musical da minha infância. *Quase Famosos* realmente traz à tona esse período, e, por acaso, também possui uma grande história e uma atuação incrível de Kate Hudson.

Jagged Little Pill. Quando fui escalada pela primeira vez na Broadway, minha mãe me levou até a Virgin Megastore para me dar um presente por eu ter conseguido o papel, e eu comprei *Jagged Little Pill*, um álbum que mudou a minha vida. A voz de Alanis Morissette passava a sensação de um mundo diferente, soava como um mundo diferente – um mundo que eu nunca ouvira antes – e aquilo ecoou na minha alma.

Despertar da Primavera. Sei que soa bobinho dizer que algo com o qual, por acaso, eu estive envolvida é uma das minhas coisas favoritas, mas *Despertar da Primavera* fez parte significante da minha vida entre os 14 e 22 anos (falarei mais sobre isso no próximo capítulo). Eu cresci com *Despertar da Primavera* e sempre irei me sentir incrivelmente ligada à música. Até hoje, sempre que preciso de alguma terapia emocional, que quero espairecer um pouco, coloco os fones de ouvido e escuto "And Then There Were None", "Blue Wind" e "Don't Do Sadness".

Os Miseráveis. Mesmo sem nunca ter participado do elenco de *Les Mis*, eu o acho um musical incrível.

The Light in the Piazza. Eu era louca para fazer parte desse musical da Broadway, mas fui considerada muito étnica para desempenhar o papel de Clara. Quando fui ver o espetáculo, lembro-me de estar sentada na plateia e me sentir como se aquilo fosse um impressionante exemplo de por que faço o que faço.

Apenas uma Vez. A música de *Apenas uma Vez* é maravilhosa. Em 2012, quando estive em Amsterdam, eu caminhava pelas ruas e ouvia a trilha sonora em modo de repetição. O espetáculo (que primeiro tinha se tornado filme) é realmente perfeito, e é mais um exemplo do tipo de peça que me deixa orgulhosa de ser atriz.

Com a Kate no lançamento da 4ª temporada de Glee. Foi sensacional trabalhar com ela e me sinto honrada de hoje poder chamar de amiga essa mulher incrivelmente talentosa e forte.

COMIDINHA CASEIRA PREFERIDA

Receita italiana de sopinha caseira

Essa é uma sopinha simples, que é saudável, reconfortante e, além disso, dá pouco trabalho para ser feita!

INGREDIENTES:

3 colheres de sopa de azeite de oliva (o suficiente para cobrir o fundo de uma frigideira)

2 ou 3 cenouras picadas

4 talos de aipo picados

2 ou 3 dentes de alho picados

½ cebola picada

1 ou 2 pitadas de sal

1 ou 2 pitadas de pimenta

4 xícaras de caldo de legumes orgânico

1 pitada de flocos de pimenta-vermelha (a gosto)

Suco de 3 limões

3 ou 4 batatas descascadas, cortadas em cubos

1 maço de couve (picada e sem o talo)

2 latas de lentilhas

Queijo parmesão **a gosto**

MODO DE PREPARO:

1. Cubra o fundo de uma frigideira com o azeite e leve ao fogo médio.

2. Refogue a cenoura, o aipo, o alho e a cebola, tempere com uma pitada de sal e uma de pimenta, e deixe cozinhar por cerca de 5 a 8 minutos, até que os vegetais estejam macios e tenros.

3. Em uma panela menor, adicione o caldo de legumes e leve ao fogo baixo.

4. Adicione os legumes refogados ao caldo e cozinhe em fogo baixo por 30 minutos.

5. Adicione um pouco mais de sal e pimenta, os flocos de pimenta-vermelha e o suco de limão a gosto.

6. Acrescente as batatas e cozinhe por 15 minutos.

7. Junte a couve e as lentilhas e cozinhe por mais 15 minutos.

8. Rale um pouco de queijo parmesão (ou queijo vegano) por cima e sirva!

UMA VIDA BALANCEADA E BEM PLANEJADA

Quando criança, passei muito tempo dentro de um carro, sendo transportada da escola para casa e de Nova Jersey à Broadway. Foi uma época emocionante e maravilhosa, mas tinha lá suas desvantagens, uma vez que essa rotina não me permitia cultivar, de fato, relacionamentos profundos com os amigos. Todo mundo na escola era legal e abria espaço para mim em seus grupos sociais quando eu estava por perto, mas, depois das aulas, quando era o momento mais propício para a socialização, eu estava trabalhando. Na minha comunidade, *bar* e *bat mitzvahs* eram a quintessência, e eu compareci a bem poucos. Era antes dessas noites célebres que as garotas se reuniam e decidiam que roupa iriam usar e como iriam arrumar o cabelo (o que quase sempre envolvia alisar com chapinha seus belos cachos de judias, eliminando-os), e era nessas festas que todos se soltavam, que os rapazes dançavam com as garotas e que as memórias iam sendo construídas. Durante a cerimônia de acender as velas do evento, o menino do *bar mitzvah* ou a menina do *bat mitzvah* dedicava suas velas aos seus amigos mais próximos, e eu nunca era citada, pois não estava em suas equipes de esportes, não passeava com eles no shopping, não me matava de estudar com eles para provas de Matemática ou de Inglês.

Então, no primeiro ano do ensino médio, decidi dar um tempo do palco e me permitir uma vida de ensino médio normal. Eu só queria fazer parte da equipe de voleibol, ter um namorado e sair à noite com meus amigos e a família. Entrei para a turma de debate e tornei-me uma debatedora campeã

MINHA IDEIA DE UM DOMINGO PERFEITO

1. Prepare o café da manhã.
2. Faça uma breve caminhada em Runyon Canyon.
3. Vá até o Farmer's Market.
4. Volte para casa e assista ao canal Food Network, especificamente aos programas Diners, Drive-Ins and Dives e Chopped, juntamente com Sheila, a gata que encontrei atrás de uma lixeira no estacionamento da Paramount.
5. Cozinhe um bom jantar.
6. Assista a um filme.

do time do colégio – das coisas que já fiz, essa é uma que classifico como uma das minhas favoritas, e isso me foi tão inspirador, que cheguei a considerar seriamente cursar a faculdade de Direito. Tentei debate, a princípio, para me divertir, mas juntei-me à minha amiga Samantha, que era incrivelmente inteligente. Então, eu era boa em debate, mas não era muito inteligente, e assim os meus adversários tentavam me desafiar, pedindo que eu definisse palavras como "obstrucionismo", por exemplo. Nesse caso, especificamente, eu não fazia ideia do que fosse "obstrucionismo", mas, na conversa, consegui me sair bem, acusando meu adversário de valer-se de um concurso de soletração como distração para o fato de que a questão que ele levantava era falsa. Nessa parceria com Samantha, eu era a boca e ela, o cérebro (ela passou a ser a oradora oficial). Nós vencemos noventa por cento dos nossos debates, e não só porque nos vestíssemos combinando ou porque fôssemos mais bonitas que os nossos opositores, predominantemente do sexo masculino, mas porque, simplesmente, éramos boas à beça. Eu rememoro aquela época na equipe de debate como uma das minhas melhores lembranças do ensino médio e o lugar em que reuni algumas habilidades das quais dependo ainda hoje. Sei que por meio da argumentação sempre posso escapar de algumas situações difíceis, e nunca fico intimidada por entrar em confronto direto com as pessoas, mesmo que sejam mais eruditas que eu. Essa habilidade tem sido um valioso recurso que tenho à disposição para quando precisar. Quando, no último ano do ensino médio, meu agente me ligou para me dizer que iam reencenar *Um Violinista no Telhado* e que, embora não fosse totalmente judia, eu era a garota que mais parecia ser judia no mundo do espetáculo, eu voltei para a Broadway. Abandonar Samantha partiu meu coração, e fiquei arrasada quando Ben Shapiro me substituiu como parceiro dela. Mas, no fim das contas, esses três anos de uma vida normal de ensino médio foram tudo de que eu precisava para desenvolver outros interesses.

Sou uma grande entusiasta do estilo de vida balanceado e bem planejado: durante os meus anos de formação, foi importante para mim aprender a me destacar em outras coisas além de cantar e atuar. Isso não apenas me proporcionava uma pausa do *show business*, como também reafirmava que meu coração pertencia ao palco. Penso que todo mundo deveria experimentar outras coisas sem necessariamente tentá-las como profissão; só porque você ama uma coisa não significa que ela tenha de consumir os seus dias – essa coisa que você ama pode simplesmente acrescentar riqueza e textura à sua vida. Atualmente, passo grande parte do meu tempo extracurricular cozinhando, caminhando e tirando o atraso em relação aos meus amigos e familiares. Dar a mim mesma espaço para desfrutar de outras coisas funciona para que a minha paixão por atuar e cantar não diminua.

No colégio, quando rememorava os meus primeiros dias na Broadway, descobri que as crianças que eram estritamente focadas em atuação não estavam mais no mundo do espetáculo, mas que aquelas cujos pais tratavam da atuação de uma maneira leve e divertida, encorajando-as a experimentar outras coisas, se mantinham trabalhando no teatro. Não importa quais sejam esses interesses externos, eles só irão enriquecer a sua vida e aprimorá-lo em seu trabalho diário. Para mim, eles me tornam uma atriz melhor, já que proporcionam mais recursos aos quais posso recorrer e me oferecem um quadro de referências mais amplo. Quer você queira trabalhar no mundo do espetáculo, quer queira trabalhar em um emprego comum, não se esqueça também das outras coisas de que gosta de fazer. Elas não o afastarão da sua carreira; na verdade, elas enriquecerão todo o seu ser. Ninguém deveria ser inteiramente definido por apenas uma única coisa.

DAR A MIM MESMA ESPAÇO PARA DESFRUTAR DE OUTRAS COISAS FUNCIONA PARA QUE A MINHA PAIXÃO POR ATUAR E CANTAR NÃO DIMINUA.

COMO EU MANTENHO OS PÉS NO CHÃO E A PERSPECTIVA

FAMÍLIA

Todos sabemos que o *show business* é um ramo muito difícil; porém, com base no que tenho observado os meus amigos passar, parece que qualquer ramo é muito difícil nos dias de hoje. Sempre houve pressão da mídia tradicional quanto a se levar a vida de determinada forma e alcançar certo nível de sucesso, mas com os *reality shows* e as mídias sociais aderindo à briga, há, hoje, simplesmente muito ruído dizendo-nos o que devemos fazer e como devemos fazer. Ou, pelo menos, as mídias sociais estão dizendo o que todo mundo está fazendo e como está fazendo, e isso pode ser muito opressivo e confuso, especialmente se tivermos colegas que parecem estar dando passos mais largos que nós. É muito importante parar de prestar atenção a esse ruído.

Minha mãe e meu pai sempre foram os primeiros a me lembrar de que eu deveria apenas ser eu mesma. Enquanto outras garotas estavam caindo na gandaia e terminando a noite deprimidas, eu só queria chegar em casa. Recusei-me a fazer o que todo mundo estava fazendo apenas para ser parte da galera, especialmente porque quando eu deixava de ser honesta comigo mesma, isso não me agradava nem um pouco. Agradeço aos meus pais e aos demais familiares pela força que deram para eu manter a cabeça no lugar e o foco nas coisas que são importantes para mim. Eles sempre foram o sistema de apoio que me manteve focada para alcançar um resultado final positivo. Quando a minha vida começa a parecer que está um pouco fora de controle, ou sempre que me sinto exausta ou que parece que não vou conseguir lidar com alguma situação, eu recorro a eles em primeiro lugar e eles sempre me tratam como Lea Sarfati. Nesse negócio, é muito fácil esquecer-se de quem você é e de onde você vem, mas eles são um lembrete constante de que, em última análise, nada mudou. Sobreviver em Hollywood – e na vida em si – depende, em parte, de manter o seu mundo relativamente íntimo e repleto de pessoas que querem o seu bem em primeiro lugar. Minha família está no centro desse círculo.

CUIDANDO DE MIM MESMA

Quando ocorre uma sobrecarga sensorial e eu não posso me afastar, faço um rápido exercício de meditação: fecho os olhos, desligo-me de tudo à minha volta, e apenas me concentro em inspirar profundamente pelo nariz e expirar pela boca. Está surtando durante uma prova-surpresa ou um dia extenuante no escritório? Sugiro que

← Só sorrisos com meus pais na mesa de jantar.

dê uma escapadinha até o banheiro e tente esse exercício.

De modo geral, eu fico atenta a qualquer oportunidade para descontrair. Cresci em uma família em que a melhor forma de expressar amor é por meio da comida; então, ficar na cozinha é uma das minhas maneiras favoritas de descontrair. A comida caseira que está no topo da minha lista? Sopa saudável ou sanduíches de queijo grelhado, que eu degusto enquanto assisto a um *reality show*. Não importa se você encontra a sua tranquilidade em um delicioso lanche, em uma longa corrida ou jogando conversa fora ao telefone com um amigo – seja o que for, não deixe que o estresse do mundo exterior prevaleça sobre o seu senso de perspectiva. E, custe o que custar, certifique-se de entrar em contato o mais frequentemente possível com todas as coisas que fazem você ser você.

O foco em questão

1. Seja você. Eu sei, é piegas dizer isso, mas não há ninguém melhor em ser você do que você mesmo. Não menospreze as coisas que o tornam especial apenas para se encaixar em um molde – a sua história é a coisa mais interessante a seu respeito, portanto, use-a!

2. Tenha orgulho de todas as coisas que o tornam diferente e exiba essas distinções – de onde você vem e sua família – como os seus maiores pontos fortes.

3. Lembre-se de seus modelos de inspiração e os mantenha em mente como referências para tudo o que é possível na vida. Tenha você 15 ou 50 anos, é sempre bom cercar-se de pessoas que você acha inspiradoras e com quem acredita que possa aprender algo de bom.

4. Mantenha próximas as pessoas que amam você, como a sua família. Elas fizeram você ser quem é, então, não as negligencie em sua jornada somente para alcançar os seus objetivos. Presumindo que elas o apoiem emocionalmente, use-as como fonte de força e de orientação. É para isso mesmo que elas estão lá!

5. Não deixe o estresse tirá-lo dos trilhos: não se esqueça de entrar em contato consigo mesmo toda noite.

CAP. 2

O MUNDO DOS ESPETÁCULOS

"Você tem de descobrir o que você faz e confiar nisso."

– BARBRA STREISAND

Eu recebo salários desde que era garotinha, quando participava de projetos que pareciam divertidos demais para serem considerados, de fato, trabalho. Aos 8 anos, aterrissei na Broadway e iniciei a minha jornada para transformar em realidade o meu primeiro sonho da infância. Não, eu não queria ser princesa nem médica nem mesmo membro do Clube do Mickey: eu queria ser uma diva! É engraçado que essa palavra tenha conotações negativas em Hollywood, porque, enquanto crescia, esse era o meu sonho, e é isso o que toda garota na Broadway se esforça para ser. Mas, como disse Beyoncé, uma diva nada mais é do que a versão feminina do vigarista? Em Nova York, porém, ser uma diva não traz conotações negativas – as conotações são excelentes. Eu queria viver a minha vida na Times Square com maquiagem de palco. Eu queria encarnar todos os papéis famosos da Broadway; não apenas aqueles interpretados por mulheres famosas, mas também os representados por *homens*, porque, falando francamente, qual é o problema disso? Se qualquer garota gostaria de interpretar a Maria, de *Amor, Sublime Amor*, qual o problema de uma pré-adolescente ter a fantasia de encarnar Don Quixote, em *O Homem de La Mancha*?

Assim que encontrei o meu lugar na Broadway, a paixão, a determinação e a motivação para fazer do palco o meu lar se estabeleceram para sempre. Eu sabia que não havia lugar melhor para estar que não fosse aquele que, ainda bem jovem, tive a sorte de encontrar – um lugar que me permitia fazer exatamente aquilo em que eu era boa e que me fazia feliz. Eu pretendia seguir o meu coração e continuar atuando, sempre com um sorriso estampado no rosto. Não me entendam mal nem fiquem pensando que todas as oportunidades que tive vieram de maneira tão fácil quanto a minha primeira audição aberta, quando eu tinha 8 anos, porque não foi assim. Essa foi uma audição à qual eu fui casualmente, sem ter a menor ideia de que ela poderia mudar completamente a minha vida – eu só compareci a ela para acompanhar Chloe, minha melhor amiga, que queria ir, e, de alguma forma, acabei ganhando o papel de Cosette, na Broadway. Com certeza, já sofri a minha cota de rejeições inesperadas e dolorosas e de brancos na cabeça quando me deram a deixa: perdi oportunidades de pegar papéis que, na época, eu acreditava ser exatamente o que eu precisava para dar o próximo passo, assim como perdi a conta das vezes que sabichões do meio artístico me disseram que eu estava tomando a decisão errada, como quando alguém me disse que *Despertar da Primavera* seria um fracasso e que eu não deveria fazê-lo, mas, na verdade, esse foi o espetáculo que catapultou a minha carreira (falarei mais sobre isso adiante). Mas essas adversidades só me tornaram mais grata por ter adquirido a certeza inquestionável de que tinha encontrado o meu verdadeiro lar, porque eu nunca, nem por um segundo, deixei de me empenhar e de persistir – jamais me passou pela cabeça "jogar a toalha" nem ignorar a minha intuição. Tive a determinação de seguir em frente porque nenhuma outra coisa me parecia tão certa como atuar, e, de alguma forma, eu sabia que se mantivesse a energia e o entusiasmo, assim como o ímpeto e a sanidade, e se continuasse a trabalhar duro, acabaria "acontecendo".

O palco me ensinou uma série de habilidades úteis para a vida, sobre as quais tratarei páginas adiante, mas uma das lições mais poderosas que aprendi é que nem sempre você consegue o trabalho, a oportunidade que você pensa que quer e que merece, assim como, provavelmente, você será preterido para uma promoção em algum momento da sua carreira – tenho sido preterida várias vezes, perdendo muitos papéis. E embora isso sempre me pareça ser o fim do mundo, ou, pelo menos, o fim da minha carreira naquele momento, tudo sempre acaba bem. Caso em questão: fiquei arrasada quando não consegui um papel na reapresentação da Broadway de *Amor, Sublime Amor*, já que esse é um dos espetáculos que eu sempre quis fazer, e realmente acreditava que seria o próximo grande projeto do qual participaria. Bom, não era para ser, e por mais difícil que tenha sido assimilar a rejeição nos dias que se seguiram, um mês depois eu consegui o papel de Rachel Berry. Por mais difícil que possa ser depositar a fé no futuro, se você fizer a sua parte, trabalhando incansavelmente e tentando dar o melhor de si, eu de fato acredito que coisas boas sempre virão e o caminho certo se apresentará.

Quer você esteja considerando uma carreira no palco, quer em uma mesa de escritório, espero que seja um caminho pelo qual você esteja tão apaixonado que o leve a lutar bravamente por todas as oportunidades. Espero que esse caminho esteja em harmonia com cada fibra do seu ser, a ponto de você não conseguir imaginar-se fazendo outra coisa. O meu trabalho, talvez, consuma uma porcentagem maior da minha vida que o de uma pessoa comum, mas até mesmo quarenta horas por semana é tempo demais para se desperdiçar fazendo algo que nos deixe infeliz. Seria muita ingenuidade a minha sugerir que a felicidade pode ser um estado permanente, principalmente quando se trata de trabalho, mas deve ser divertido, pelo menos de vez em quando, além de gratificante, produtivo e, principalmente, o mais desafiador possível. Tem de passar aquela sensação de que você está escalando uma montanha que vale a pena ser escalada.

Eis aqui uma espiada na minha trajetória de carreira até agora – e todas as lições importantes que aprendi ao longo da jornada. Embora esses ensinamentos pareçam ser aplicáveis mais diretamente para o caso da Broadway, não consigo deixar de pensar que também teriam me preparado para um trabalho comum.

OS MISERÁVEIS (1995)

LIÇÕES APRENDIDAS: PROFISSIONALISMO BÁSICO E OTIMISMO

PROFISSIONALISMO BÁSICO

Os Miseráveis foi a introdução perfeita para o que significa ter um emprego. Eu fui uma das três meninas de 8 anos de idade que interpretaram as partes da Jovem Cosette e da Jovem Eponine: durante as oito apresentações semanais, nós nos revezávamos entre esses dois papéis, a terceira sempre ficando como substituta, caso alguém ficasse doente ou não pudesse atuar por algum outro motivo.

Nem é preciso dizer que eu me adaptei à vida na Broadway como um peixe na água, tanto no que diz respeito à atuação quanto no que se relaciona ao trabalho em si. Claro que já conhecia um cronograma – a hora de ir para a escola, a hora de ir para a cama… –, mas nunca havia estado em uma posição em que as minhas ações afetassem diretamente outras pessoas. Sendo o mais clara possível: eu tinha de me comportar direitinho. Como o espetáculo estava em cartaz na Broadway já há bastante tempo, eles possuíam um sólido sistema já preparado para ensinar a todos nós os meandros do *show business*. Posso ter sido precoce para a minha idade, mas realmente aproveitei aquele período para aprender as regras aparentemente simples para se ter um bom relacionamento no trabalho no mundo adulto.

Eu, imediatamente, tive de ser profissional, o que, na Broadway – e, possivelmente, além dela –, significa ter de chegar na hora, ser pontual, cuidar de mim mesma e não me cansar muito nem ficar doente, além de me dar bem com os outros e realizar um bom trabalho com eles. Ficou muito evidente que cada um de nós representava apenas uma peça de um complexo quebra-cabeça, e que, para que esse quebra-cabeça pudesse se encaixar corretamente, cada um de nós tinha de desempenhar bem a sua parte. Levei tudo isso muito a sério e simplesmente adorei ser boa em meu trabalho, da mesma forma que adorava brincar com as outras crianças nos bastidores. Foi fazendo *Os Miseráveis* que aprendi que ser o melhor no que se faz e se divertir ao fazê-lo não são coisas mutuamente excludentes. Pode parecer uma lição boba essa, mas é algo que tem moldado toda a minha carreira. Gente, trabalho pode, sim, ser divertido!

> FOI FAZENDO *OS MISERÁVEIS* QUE APRENDI QUE SER O MELHOR NO QUE SE FAZ E SE DIVERTIR AO FAZÊ-LO NÃO SÃO COISAS MUTUAMENTE EXCLUDENTES. PODE PARECER UMA LIÇÃO BOBA ESSA, MAS É ALGO QUE TEM MOLDADO TODA A MINHA CARREIRA. GENTE, TRABALHO PODE, SIM, SER DIVERTIDO!

E, claro, tínhamos 8 anos; definitivamente, tivemos a nossa cota de brincadeiras infantis, sendo simplesmente crianças na Broadway. Nossa participação na história ocorria logo no início do espetáculo, mas tínhamos de ficar de prontidão para os aplausos do público no final; então, aproveitávamos esse momento para, literalmente, brincar de Broadway. Enquanto outras crianças da nossa idade poderiam estar brincando de casinha, nós brincávamos de encenar *Miss Saigon* e *O Fantasma da Ópera*. Já deu para perceber como amávamos o palco, não é mesmo?

OTIMISMO

Como todas as outras crianças do elenco, eu queria ficar em *Os Miseráveis* para sempre. Mas, uma hora, todas as coisas boas têm de acabar, e para as crianças que estão na Broadway, as coisas acabam quando elas crescem demais para a peça. Toda semana mediam a nossa altura: algumas mães de atores infantis ensinavam seus filhos a relaxar na postura, para aparentar uma estatura menor e poder permanecer na peça por um pouco mais de tempo, mas meus pais sempre me disseram para ficar com a coluna reta. Eles achavam que eu precisava aprender que, só porque *Os Miseráveis* era incrível e divertido, não significava que não haveria outras coisas surpreendentes e divertidas no futuro. Eles sempre me incentivaram a desfrutar daquele momento enquanto durasse, com a noção de que haveria algo grande para mim quando terminasse. É difícil ter esse tipo de fé quando um único espetáculo é tudo o que você conhece e no qual você fez grandes amigos. Estaria mentindo se não admitisse que chorei muito quando recebi a ligação informando que eu havia crescido demais para o papel. Mas, como esperado, duas semanas depois eu consegui outro papel, que me ensinou mais algumas lições importantes.

Da esquerda no alto em sentido horário: Eu pequena - com oito anos - fazendo uma apresentação para imprensa em Les Mis ✶ Na fantasia da Éponine pequena ✶ Caracterizada como jovem Cosette ✶ Cantando em um evento para a mídia de Les Mis ✶ Antes de entrar em cena como jovem Cosette. →

O MUNDO DOS ESPETÁCULOS 31

RAGTIME (1996-1999)
LIÇÕES APRENDIDAS: O OFÍCIO, TRABALHO EM EQUIPE E PERSEVERANÇA

O OFÍCIO

Enquanto *Os Miseráveis* já estava em cartaz por quase dez anos quando entrei para o elenco, em 1995, *Ragtime*, uma peça de época passada no início do século XX, era uma montagem recente. E, como acontece com todos os novos musicais da Broadway, *Ragtime* teve de apresentar-se experimentalmente fora de Nova York durante um ano antes de estrear, de fato, na Broadway – naquele ano, os espetáculos foram em Toronto. Foi um negócio muito sério para a minha família, já que a minha mãe nunca antes saíra do lado do meu pai, que dirá do país. Mas eles acharam que seria uma grande oportunidade de aprendizagem para mim, pois eu iria trabalhar com quatro grandes nomes da Broadway: Marin Mazzie, Brian Stokes Mitchell (que passou a interpretar o meu pai, em *Glee*), Peter Friedman e Audra McDonald.

Minha mãe e eu fomos para Toronto e fixamos residência na cidade durante um ano. Foi lá que realmente aprendi sobre interpretação. Eu nunca tive um *coach* de canto ou de interpretação; tive algumas aulas de vez em quando, mas, para mim, a experiência em si tem sido sempre a melhor forma de aprender. Em *Ragtime*, eu estava aprendendo com os melhores no ramo. Claro, eu cumpri o meu papel, mas o que realmente fiz foi observar aqueles quatro mestres fazerem o que sabiam fazer melhor e absorver o máximo possível. Toda noite, por exemplo, eu assistia Audra McDonald cantando com todo o seu coração: toda noite, ela chorava quando cantava a sua canção. Era impressionante a sua capacidade de penetração no papel, de

evocar emoções reais e de buscar a história de fundo do personagem. Em uma cena, Audra tinha uma discussão acalorada com um oficial de polícia; lá atrás, nos bastidores, antes de entrar em cena, ela pedia que o ator a repreendesse, para que ela pudesse sentir e expressar plenamente a dor e a indignação de sua personagem. Eu a observava, assim como observava Brian, Marin e Peter praticar o seu ofício, e absorvia tudo, mas tudo mesmo, como uma esponja. Às vezes, você só precisa ficar de boca fechada para aprender.

Audra também me ensinou a manter a minha mente centrada no trabalho que eu precisava fazer no palco, como a filha de Tateh, e não nas reações do público às minhas ações. Uma noite, perto do início da apresentação, eu estava espiando a plateia por trás das cortinas. Então, Audra bateu no meu ombro e disse: "Se você consegue vê-los, eles conseguem ver você – não se preocupe com as pessoas que estão lá fora, apenas concentre-se no seu papel, concentre-se na apresentação". E isso não foi tudo. Toda a noite, antes de eu entrar no palco, Audra colocava as mãos em volta da minha cintura e analisava quanto eu poderia expandir o meu diafragma. Ela me ensinou a respirar; ensinou-me a importância de poupar a minha voz, de beber chá e água, de recusar cigarros. Ela sempre me dizia que toda a minha carreira estava contida entre a ponta do meu queixo e a parte superior do meu diafragma; que Deus me dera o dom de uma bela voz, e que era minha responsabilidade cuidar bem dela.

TRABALHO EM EQUIPE

Em *Ragtime*, interpretei a filha de Peter Friedman; portanto, passávamos praticamente toda a apresentação grudados um no outro, o que foi uma novidade para mim, já que eu jamais tinha trabalhado assim tão intensamente com outro ator. Eu não poderia sair do meu papel em momento algum durante esse espetáculo sem que isso o afetasse diretamente. A responsabilidade é uma peça fundamental quando se é um ator de teatro: o público – que pagou caro por seus ingressos – sabe dizer quando o espetáculo não está funcionando. Eu precisava estar preparada todos os dias. Devia isso a Peter e a todas as pessoas que iam assistir a nossa apresentação. Certa vez, tirei uma noite de folga e minha substituta atuou no meu lugar. Mais tarde, Peter me pediu para não fazer mais esse tipo de coisa. Claro, isso pode parecer exagerado da parte dele, mas ressalta como a nossa interpretação era dependente uma da outra. E, para ser bem franca, fiquei aliviada e agradecida pelo fato de a minha ausência ter sido sentida; eu era jovem e territorialista com relação aos meus papéis. Na verdade, quando consegui o papel em *Ragtime*, puxaram minha mãe de lado e perguntaram a ela sobre a possibilidade de revezarem o papel entre mim e outra menina, e, embora eu tivesse apenas 10 anos, e sem dúvida jovem demais para negociar o próprio contrato, eu já fui logo me intrometendo, dizendo-lhes que eu estava pronta para representar o meu papel todas as noites e que, se me quisessem mesmo, eu faria o papel sozinha. Então, quando Peter me disse que não queria que eu faltasse a mais nenhuma apresentação, entendi como se me dissesse: "Ótimo trabalho!".

PERSEVERANÇA

Depois de completado o ano de apresentações no Canadá, trouxemos o espetáculo para a Broadway, que, então, me parecera

> A RESPONSABILIDADE É UMA PEÇA FUNDAMENTAL QUANDO SE É UM ATOR DE TEATRO: O PÚBLICO – QUE PAGOU CARO POR SEUS INGRESSOS – SABE DIZER QUANDO O ESPETÁCULO NÃO ESTÁ FUNCIONANDO. EU PRECISAVA ESTAR PREPARADA TODOS OS DIAS.

um lugar totalmente diferente daquele de quando eu atuara em *Os Miseráveis*. Como era um espetáculo completamente novo, fomos analisados pela crítica, nos apresentamos em *talk shows* e, eventualmente, também no Tony Awards, que são a quintessência da vida na Broadway.

Durante *Ragtime*, aprendi outra lição de vida muito importante, que é a seguinte: a paixão pode, e deve, superar o que as pessoas dizem. Na época, eu não estava familiarizada com Ben Brantley (o principal crítico de teatro do *The New York Times*); só sabia que amava e acreditava no espetáculo e que crítica nenhuma, fosse ela boa ou ruim, iria mudar a minha opinião sobre o meu trabalho. (As críticas de *Ragtime* foram mistas; houve quem falasse bem e quem falasse mal.) Minha dedicação e devoção à peça superaram em muito o que qualquer um poderia falar sobre isso. Claro, eu era abençoadamente jovem na época, e muito do que estava acontecendo era de difícil compreensão para mim (havia divergências e questões envolvendo os investidores do espetáculo, mas eu nem me dava conta disso), mas aprender a não me deixar ser afetada pela crítica nem pela opinião alheia,

O MUNDO DOS ESPETÁCULOS 33

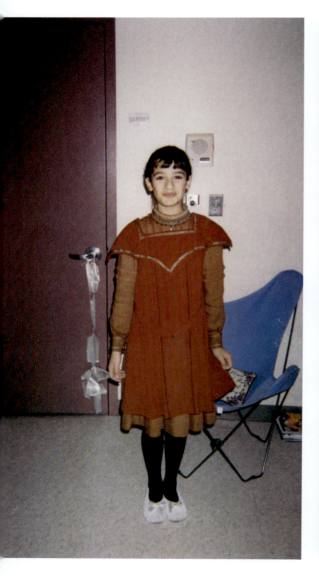

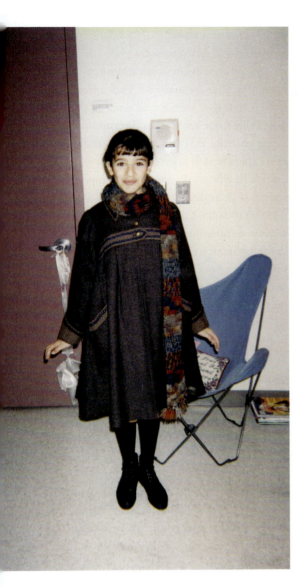

↑ Da esquerda para a direita: Antes de entrar em cena em Ragtime, vestida de menininha ✳ Com a incrível Marin Mazzie e a outra jovem estrela de Ragtime ✳ Antes de entrar em cena em Ragtime.

quer fossem boas, quer ruins, foi uma lição pela qual eu me pauto até hoje. É claro que o *feedback* é importante e deve sempre ser levado em consideração, mas uma crítica construtiva é uma coisa e uma opinião pura e simples é outra. Eu ouvia o diretor, ouvia os meus colegas de elenco e, o mais importante, ouvia o meu coração – e aí continuava tentando dar o melhor de mim.

Naquele ano, fui ao Tony Awards com o Peter Friedman, como sua convidada; ele foi indicado a melhor ator em musical, e eu queria muito, muito mesmo, que ele ganhasse – mais do que qualquer coisa no mundo –, mas ele perdeu. Devo ter ficado mais chateada que ele quando outro nome foi anunciado, porque ele se virou para mim e disse: "Lea, está tudo bem". Não era o fim do mundo para ele, e isso não mudou o fato de estar orgulhoso de seu trabalho. No mesmo ano, Audra ganhou um Tony, mas todos os demais – Brian, Peter e Marin – voltaram para casa sem o troféu. Embora tivessem perdido, eles continuaram entrando em cena todas as noites e fazendo uma apresentação impecável; mesmo não havendo mais nenhum prêmio em jogo, eles continuaram atuando com toda a paixão.

Participei do elenco de *Ragtime* durante dois anos. Certa noite, o elenco original teve de abandonar o espetáculo – "passar o bastão", como se costuma dizer –, o que constitui uma prática comum na Broadway. Trabalhar com aqueles atores proporcionou-me uma experiência incrível; observá-los todas as noites foi a minha aula magistral, a minha Juilliard.[2]

---

2 Referência à Juilliard School, escola de Música e Artes cênicas localizada em Nova York, nos Estados Unidos, reconhecida por seus alunos graduados em Música, como Ray Conniff, Nina Simone, Nathaniel Ayers e Yo-Yo Ma. (N. T.)

UM VIOLINISTA NO TELHADO (2004)

LIÇÕES APRENDIDAS: CONCENTRAÇÃO E PACIÊNCIA

CONCENTRAÇÃO

Quando saí de *Ragtime*, eu estava terminando a oitava série. O *timing* não poderia ser mais perfeito, porque eu não poderia estar mais empolgada para começar o colegial. Passei os três primeiros anos focada em ter uma rotina e um estilo de vida relativamente normais, porque, como disse antes, eu precisava de uma oportunidade para acertar o meu ritmo e desenvolver interesses que não envolvessem apenas atuação – digo isso apenas para reafirmar que era o que eu realmente queria fazer. No último ano escolar, a vida no palco me chamou novamente, e voltei para a Broadway – em 2004, ganhei um papel na peça *Um Violinista no Telhado* e tive de equilibrar aquele último ano entre a escola e o trabalho.

Por várias razões, *Um Violinista no Telhado* foi uma experiência totalmente diferente para mim; a começar pelo papel, que era pequeno, e, depois, pelo fato de eu não ser mais criança. Então, minha mãe não me levava mais para o trabalho; na verdade, eu já tinha o meu próprio apartamento na cidade e começava a sentir que quem tomava as decisões sobre a minha vida era eu mesma, e que eu tinha de me virar sozinha. Embora meu papel em *Um Violinista no Telhado* fosse importante – eu era a filha número quatro –, não era grande, como já disse, e eu tinha de compartilhar o camarim com cerca de doze outras mulheres, cujas idades variavam entre os 19 e os 60 anos. A maioria das pessoas que começa em musicais, o faz integrando um conjunto ou fazendo parte de um coro, mas eu tivera

a sorte de, até então, pegar apenas papéis de destaque, em que, nos bastidores, eu tinha o meu próprio espaço privativo para me preparar e focar a minha mente. A realidade em *Um Violinista no Telhado* era outra, e tive de adaptar rapidamente as circunstâncias inferiores às ideais. Partilhar o camarim foi um aprendizado em todos os sentidos, e, embora eu não possa dizer que tenha sido divertido ou que tenha gostado, fico feliz por ter passado por essa experiência. Esteja você em um escritório ou nos bastidores de uma peça, é importante ser capaz de acalmar a sua mente, mesmo em meio ao tumulto. Cada uma das mulheres que usavam o camarim tinha o seu próprio método de preparação para entrar em cena, o seu próprio ritual que antecedia o espetáculo, e eu tive de me adaptar e conviver com isso, sem permitir que ruídos extras desviassem o foco do meu desempenho. Isso exigiu de mim um bocado de concentração todos os dias, a fim de ignorar tudo o que estava acontecendo ao meu redor, uma vez que era – e é – imperativo que eu me envolvesse cem por cento com o meu trabalho para que pudesse extrair o máximo de mim.

PACIÊNCIA

Em *Um Violinista no Telhado*, além de interpretar o papel da filha número quatro, eu era a substituta para um papel bem maior: o da filha número três (as três primeiras filhas possuíam a maior parte das falas, enquanto as outras duas – a filha número quatro e a número cinco – falavam muito pouco). Como substituta, você tem de estar preparada para entrar em cena todas as noites, embora isso raramente acabe acontecendo. E é difícil, porque você fica louca para desempenhar aquele papel o tempo todo, mas tem de ficar nos bastidores e assistir alguém fazer isso em

↑ Da esquerda para a direita: Elenco do revival de Um Violinista no Telhado ✳ Eu como Shprintze, a quarta filha.

seu lugar. Eu realmente adorava e respeitava Tricia Paoluccio, a garota de quem eu era substituta, mas isso não significa que eu me frustrasse menos por ser ela e não eu quem estava lá no palco todas as noites, ao lado de ninguém menos que Alfred Molina. Infelizmente, Tricia *nunca* ligou para avisar que não iria trabalhar porque estava doente, e a única vez que tive de entrar em cena foi quando ela saiu de férias. Nessa ocasião, eu estava tão incrivelmente nervosa que "tomei um banho" de óleo de lavanda para me acalmar; então, enquanto eu estava sentada nos bastidores, preparando-me para entrar em cena, ouvi alguém comentar: "Caramba, que cheiro é esse?", e quando me virei e me desculpei, meio desajeitada, a pessoa foi logo dizendo: "Você está cheirando a saquinho de chá!".

Em última análise, eu deixei o elenco de *Um Violinista no Telhado* porque, por mais legal que fosse receber um salário, a experiência não estava sendo rica o bastante em termos de criatividade – eu precisava crescer e alçar voos maiores. O personagem da filha número quatro não tinha muito a oferecer e, como atriz, ele começou a me parecer um pouco maçante – eu ansiava por papéis que exigissem mais de mim.

COMO SUBSTITUTA, VOCÊ TEM DE ESTAR PREPARADA PARA ENTRAR EM CENA TODAS AS NOITES, EMBORA ISSO RARAMENTE ACABE ACONTECENDO. E É DIFÍCIL, PORQUE VOCÊ FICA LOUCA PARA DESEMPENHAR AQUELE PAPEL O TEMPO TODO, MAS TEM DE FICAR NOS BASTIDORES E ASSISTIR ALGUÉM FAZER ISSO EM SEU LUGAR.

O DESPERTAR DA PRIMAVERA (2000-2008)

LIÇÕES APRENDIDAS: CONVICÇÃO E RESISTÊNCIA EMOCIONAL

CONVICÇÃO

Imediatamente após *Ragtime*, participei de um teste em uma oficina para um papel em uma nova peça chamada *O Despertar da Primavera*. Uma oficina é exatamente isso: antes que uma peça possa captar os investidores de que necessita para chegar à Broadway, seus criadores montam uma produção para levantar todos os problemas e imperfeições. Nesse processo, o roteiro sofre uma metamorfose, os atores vêm e vão e, finalmente (e com sorte), a peça encontra o seu ritmo, adquirindo o tom adequado. Para *O Despertar da Primavera*, foram realizadas quatro oficinas durante um período de cinco anos (dos 14 aos 19 anos, para mim), até que, por fim, em 2005, ela estreou fora da Broadway, em Nova York.

Foi um grande momento, já que todos investimos uma quantidade enorme de tempo e de energia para ver o espetáculo sair do papel. A essa altura do campeonato, o projeto *já fazia* parte profundamente da minha vida. Quando recebi o telefonema de que havíamos conseguido investimento para apresentar a peça fora da Broadway, eu estava no hospital com a minha mãe, que se recuperava de uma cirurgia de câncer no útero. Nem é preciso dizer que foi um dia de muita emoção.

E também foi emocionante porque eu acreditava sinceramente no espetáculo. Sempre tive um bom pressentimento em relação a *O Despertar da Primavera*, porque era uma peça única e poderosa, e o personagem que comecei a interpretar era muito forte e incomum. A peça trata de jovens que exploram a sua sexualidade na Alemanha do final do século

XIX. O meu papel mudou consideravelmente desde quando comecei a realizar as oficinas, aos 14 anos (beijos e comentários sugestivos sobre sexo), até quando eu tinha 19 anos (sexo adulto simulado), a ponto de o diretor da peça, Michael Meyer, chegar a afixar um post-it no meu camarim, dizendo simplesmente: "Temos de ver os seus seios". Para ser bem honesta, eu até estava animada em fazer essa parte, porque adorava chocar as pessoas na plateia que ficavam desconfortáveis com isso; no entanto, havia uma cláusula no meu contrato que dizia que eu não precisava fazê-lo quando o meu pai estivesse na plateia.

Além do tema da peça, a música também era incrível. Duncan Sheik a escreveu (eu ainda tenho o CD dele cantando todas as músicas, que me foi entregue juntamente com o roteiro original), e soa como uma fusão de Radiohead e Beatles. Enquanto *Rent – Os Boêmios* tinha quebrado alguns tabus, esse espetáculo trouxe de fato algo totalmente novo para a Broadway. Estranhamente, na minha audição, eles me pediram para cantar uma canção *pop*, mas eu era uma atriz mirim de teatro, e a única música que eu sabia de cor era a canção "I Think I'm in Love with You", da Jessica Simpson, que eu tinha escutado no rádio. Hoje em dia, graças aos meus anos em *Glee*, conheço muito mais músicas pop!

Nós estreamos em 2005 com ótimas críticas, o que não surpreendeu, já que contávamos com um elenco de jovens realmente talentosos: Jonathan Groff, Jon Gallagher, Lauren Pritchard… e a lista continua. E, assim como em *Glee*, do qual falaremos em um capítulo posterior, eram esses jovens que levavam o espetáculo completamente nas costas. Um dia, quando estávamos fazendo um ensaio técnico, que é quando se repassa a peça de novo e de novo e de novo, inúmeras vezes, para ajustar a iluminação, eu estava sentada com Lauren Pritchard no camarote do Teatro Eugene O'Neill, observando os preparativos para o espetáculo. Ela se virou para mim e disse: "Lea, o que vamos fazer se esse espetáculo não der certo?", e, naquele exato momento, Lauren foi chamada ao palco para interpretar uma de suas canções, que era um número muito belo chamado "Blue Wind". Eu fiquei lá sentada, assistindo-a, e um frio percorreu a minha espinha. Depois, quando ela voltou para o camarote, eu olhei para ela e disse: "Lauren, se você continuar fazendo isso que fez todas as noites, nós iremos ficar bem".

E nós ficamos mais do que bem. Embora a estreia do espetáculo tenha sido em uma pequena igreja em Chelsea, logo fomos parar na Broadway, e acabamos nos tornando as estrelas de uma das maiores histórias de sucesso da temporada. Em muitos aspectos, foi o campo de treinamento perfeito para *Glee*, embora em uma escala muito menor, e, assim como em *Glee*, aqueles jovens do elenco se tornaram meus melhores amigos – ouso dizer, a minha família. As afinidades não eram por conta apenas da camaradagem entre colegas de espetáculo – nós desenvolvemos laços muito fortes uns com os outros.

RESISTÊNCIA EMOCIONAL

Para quem não conhece, *O Despertar da Primavera* é uma peça muito intensa, tanto para quem assiste como para quem a interpreta. O que passamos no palco era muito, muito difícil e emotivo, e exigia de todos nós um esforço hercúleo em oito apresentações por semana. Agora, atenção, comentário de estraga-prazeres: o personagem que eu interpretava, Wendla, é jovem, precoce e forte, e, ao longo

> PARA QUEM NÃO CONHECE, *O DESPERTAR DA PRIMAVERA* É UMA PEÇA MUITO INTENSA, TANTO PARA QUEM ASSISTE COMO PARA QUEM A INTERPRETA. O QUE PASSAMOS NO PALCO ERA MUITO, MUITO DIFÍCIL E EMOTIVO, E EXIGIA DE TODOS NÓS UM ESFORÇO HERCÚLEO EM OITO APRESENTAÇÕES POR SEMANA.

da história, ela passa por uma série de infortúnios. Há uma cena de espancamento muito intensa, uma cena de sexo muito intensa, e, por fim, coroando tudo isso, Wendla morre de um aborto malfeito no final da peça. Encarar isso tudo não foi nada fácil. Havia dias em que eu realmente não queria passar por tudo aquilo, emocionalmente falando; evocar esses sentimentos toda noite para poder trazer Wendla à vida era realmente desgastante. Mas realizar esse espetáculo vezes sem conta me proporcionou resistência, e ensinou-me a realmente acessar as minhas emoções. Eu estava atravessando um monte de problemas pessoais na época – estava em um relacionamento que teve seus altos e baixos –; então, para a minha apresentação, eu tinha de deixar isso de lado. Essa lição foi muito importante: não importa o que aconteça, o show deve continuar – há cerca de 1.100 pessoas que pagaram para ver a sua interpretação, e você tem de dar o seu melhor lá na frente. Se a turbulência na minha vida diária não fosse algo que eu pudesse aproveitar e usar no palco, eu deixaria de fora tudo o que estava rolando; nunca poderia me dar ao luxo de permitir que a vida pessoal afetasse de forma negativa o espetáculo.

RESUMINDO...

O Despertar da Primavera ganhou oito Tony Awards e um Grammy – uma consagração extraordinária do trabalho que estávamos realizando, além de servir como a preparação perfeita para o que viria a seguir. Nós falaremos mais sobre *Glee*, mas posso dizer, sem sombra de dúvida, que jamais teria conquistado esse papel se não tivesse em meu histórico todo o trabalho dos anos anteriores – tanto dentro como fora do palco –, que realmente me ensinaram as habilidades de que eu precisava para ter sucesso no *show business*. E, para ser franca, provavelmente em qualquer *business*. Em *Os Miseráveis*, aprendi o básico sobre ter e manter um emprego; em *Ragtime*, aprendi muito sobre interpretação, bem como sobre trabalho em equipe e ser responsável por cumprir direito a minha parte; em *Um Violinista no Telhado*, aprendi que nem sempre você consegue o que quer e, às vezes, tem de ser paciente; e em *O Despertar da Primavera*, aprendi a me equilibrar entre a vida pessoal e a profissional e, realmente, cavar fundo para acessar as minhas emoções. Tenho consciência de que o tipo de trabalho que realizo não é aquele típico, das nove às cinco, mas espero – e acredito – que estas sejam habilidades muito fáceis de aplicar a *qualquer tipo* de carreira. Em última análise, trata-se de fazer parte de uma equipe, de aprender sobre o trabalho, sempre se esforçando para dar o melhor de si.

VALORIZANDO SUAS REALIZAÇÕES

Vivemos em um mundo de autodepreciação. Se, por um lado, pode ser saudável tirarmos sarro de nós mesmos de vez em quando, por outro, fico incomodada quando vejo mulheres de todas as idades desvalorizando as suas realizações por não quererem parecer prepotentes ou muito autoconfiantes. Você não vê um monte de caras por aí minimizando os seus pontos fortes ou se referindo àquilo em que são bons como se não fosse grande coisa, não é mesmo? Então, por que as mulheres deveriam fazer isso? Embora eu entenda que exista uma linha tênue entre valorizar as suas realizações e se vangloriar, recitando cada linha de seu currículo, não há absolutamente nada de errado ou vergonhoso em orgulhar-se daquilo que você conseguiu alcançar! Valorize isso, poxa!

Outras coisas que aprendi ao longo da jornada...

FINJA QUE TEM ATÉ REALMENTE TER

Quando perguntam ao meu pai se ele pode fazer alguma coisa, a sua resposta padrão é: "É claro que posso; é lógico que eu posso fazer isso!", independentemente do que seja o "isso". Como mencionei antes, meu pai "não brinca em serviço", e eu sou como ele – tal pai, tal filha –, porque tenho feito a mesma coisa durante toda a minha vida, às vezes, até chegando a me prejudicar por conta disso. Um exemplo? Eu fiz um teste para o musical *A Lenda dos Beijos Perdidos* e, depois que cantei para o diretor, Rob Ashford, ele me parou quando eu estava saindo da sala e perguntou: "Lea, como é a sua extensão?". Eu não fazia a menor ideia do que ele queria dizer com aquilo, por isso, respondi simplesmente: "É ótima!". Então, ele me perguntou se eu conseguia fazer espacate, e eu respondi: "Claro!". Eu sabia que não conseguia fazer espacate, mas também não queria dar um tiro no pé sem necessidade; na verdade, imaginei que, com as minhas respostas, eu conseguira abrir caminho para uma oportunidade. Algumas semanas depois, recebi uma ligação de retorno para fazer um teste de dança para o espetáculo, e, claro, eu não tinha nenhuma extensão nem conseguia fazer espacate. Resultado: passei a maior vergonha naquela sala cheia de bailarinas que, *de fato*, tinham uma extensão extraordinária. Elas saltavam por toda a sala em arcos perfeitos, enquanto eu parecia mais um esquete diretamente saído do *Saturday Night Live*. Foi hilário, mas, ainda assim, valeu a pena: eu simplesmente não acredito em admitir a derrota logo de cara, especialmente se houver alguma chance de aprender mais sobre o trabalho. Inevitavelmente, não fui escalada para o espetáculo, mas, pelo menos, não impus limites a mim mesma. Eu sempre acho que é melhor batalhar para aprender uma nova habilidade do que me subestimar.

PERGUNTAS FREQUENTES DE FÃS

Suas mais ardentes dúvidas sobre o show business respondidas!

COMO VOCÊ LIDA COM O NERVOSISMO ANTES DE UM TESTE?

Eu me preparo para um teste provavelmente da mesma forma que qualquer pessoa se prepara para uma entrevista de emprego. Basicamente, é isso: desde que eu dê o melhor de mim na sala de audições, a decisão sobre conseguir ou não o trabalho não depende de mim; então, para acalmar o meu nervosismo (ainda hoje eu fico muito, mas muito mesmo, nervosa antes de audições), tento manter o máximo de controle possível sobre a experiência. Quando digo isso, significa que já pesquisei o papel, li o roteiro, assisti ao espetáculo (caso o espetáculo já exista), escolhi as minhas canções, ensaiei-as, ensaiei as minhas falas, imprimi as minhas músicas, descobri onde é a audição e exatamente quanto tempo vou levar para chegar até lá. Eu não conto com a sorte. Em última análise, quanto mais eu souber o que eu vou fazer quando entrar naquela sala, menos nervosa eu tendo a ficar. Dessa forma, no dia da audição, eu posso permanecer calma e focada, sabendo, lá no fundo, que fiz tudo o que era humanamente possível para me preparar.

Como eu presto muita atenção aos detalhes e sou meticulosa em relação a tudo, no dia da audição eu trato as coisas de forma calma e *light*. Levanto-me, preparo-me e vou. Tento tratar as coisas de forma calma e leve também na sala de audições, para que, se algo der errado, seja mais fácil fazer uma piada com a situação e seguir em frente. Já fiz testes nos quais esqueci completamente as minhas falas – isso acontece com todo mundo. Em casos assim, o melhor a ser feito é tirar sarro da situação e fazê-los rir: certamente, eles se lembrarão de você! E caso você não consiga o papel, não se desespere. *Sempre* haverá oportunidades, e sempre haverá mais audições.

COMO VOCÊ LIDA COM OS COLEGAS DE TRABALHO DIFÍCEIS?

Todos nós já passamos por isso quando tivemos de trabalhar com alguém não tão fácil de se lidar no dia a dia. O que dispara isso em mim é sentir que eu estou preparada e que os outros não estão – isso é muito, muito frustrante, principalmente porque afeta não só o elenco, como também toda a equipe, que está lá para fazer bem o seu trabalho e ir para casa. Também é frustrante quando as pessoas são pouco profissionais ou trazem a vida pessoal, ou dramas pessoais, para o grupo. Ao longo dos anos, aprendi que a melhor coisa a se fazer é bloquear isso na minha cabeça e resistir ao impulso de ficar obcecada com a injustiça da situação ou com os erros dos outros; afinal de contas, você não pode controlar as outras pessoas.

Às vezes, sinto que certas situações se tornam insustentáveis, e como eu tenho a tendência de ser honesta e direta, descobri que abordar cara a cara o problema com o meu colega de trabalho pode funcionar. Se uma situação estiver causando tensão, eu sou aquela que vai lá e dá um grande abraço para quebrar o gelo – em geral, com a conversa de que tem sido uma longa semana e que talvez possamos começar de novo, é possível botar panos quentes na situação. Quando você está no palco, ou filmando com alguém, é algo muito íntimo, e a coisa toda anda melhor quando você tem um bom relacionamento. Quando um bom relacionamento simplesmente não é mais possível, eu faço o melhor que posso para ser civilizada, para eu conseguir prosseguir sem atritos ou distrações.

COMO VOCÊ FAZ PARA EQUILIBRAR TRABALHO E VIDA PESSOAL?

Ainda nova, aprendi que, quando a minha vida pessoal está boa, a qualidade do meu trabalho é a melhor possível. Assim, embora eu teoricamente trabalhe o tempo todo, e esse trabalho pareça ser a minha prioridade, o oposto é, de fato, verdadeiro. Eu prezo o meu tempo sozinha e valorizo a minha família e os meus amigos. Sem uma vida pessoal boa e plena, eu seria terrível em meu trabalho: tudo isso me torna uma atriz maior e melhor. Eu refreio o caos potencial da vida sendo bem "das antigas": mantenho um calendário – um calendário físico, de verdade – e anoto tudo na minha agenda, para poder ter certeza de que meus dias estão equilibrados, que estou fazendo coisas que de fato me deixam feliz, e que não estou apenas socializando para me manter ocupada. Também tento me certificar de que desliguei o celular quando estou na companhia de pessoas que amo, a fim de estar totalmente presente e centrada no tempo que eu estou passando com elas.

O QUE VOCÊ FARIA SE NÃO PUDESSE MAIS ATUAR?

Por um tempo, eu realmente gostaria de exercer a advocacia; eu fiz parte da equipe de debate no colégio e foi uma experiência tão divertida, que imagino que defender um caso diante de um júri seria tão divertido quanto. Mas acontece que nasci cantora, e cantar é o que eu faço melhor.

O QUE VOCÊ FARIA SE A SUA FAMÍLIA NÃO LHE DESSE APOIO, MAS VOCÊ SOUBESSE QUE ATUAR ERA O QUE VOCÊ QUERIA FAZER?

É difícil para mim imaginar como seria se a minha família não apoiasse a minha escolha de entrar para o *show business*, mas eu conheço, sim, um monte de gente cujas famílias realmente querem que seus filhos escolham carreiras em que haja mais estabilidade. Trabalhar como atriz pode ser bastante imprevisível, e acho compreensível que muitos pais queiram que seus filhos sejam capazes de pagar o aluguel todos os meses. Mas o que torna isso muito confuso é que a falta de uma renda estável não diz nada sobre o talento de alguém: conheço algumas das pessoas mais talentosas do mundo e nem por isso elas têm facilidade para conseguir trabalho como ator/atriz. Pode ser bem difícil conciliar esses dois fatos, já que eu acho que todos nós gostaríamos de acreditar que, se você tem talento, você será pago para representar. Infelizmente, nem sempre é assim tão simples. Entendo perfeitamente a razão dos pais que querem que seus filhos conquistem um salário fixo, mas se atuar lhe trouxer mais felicidade do que uma renda estável, atuar é o que você deve fazer!

QUAL É O MELHOR E O PIOR CONSELHO QUE JÁ DERAM A VOCÊ?

O melhor foi este: "Trabalhe duro naquilo que você ama, e ame o que você faz. Se algo a fizer feliz, mergulhe de cabeça." E, como Audra me disse, "se você recebeu um dom, a responsabilidade é sua de honrá-lo e usá-lo bem". E o pior foi sobre mudar a minha aparência, o que poderia ter acabado com a minha carreira, já que não ser como as outras garotas é o que me destaca!

OS HOLOFOTES

Essas são as ferramentas que mais têm sido úteis na minha carreira, e apesar de eu nunca ter tido um emprego convencional, amigos meus que não fazem parte do *show business* acham que elas se aplicam também ao mundo deles.

1. PROFISSIONALISMO. Embora conquistar um grande papel seja um sonho tornado realidade, no fim das contas, isso continua sendo um trabalho, e isso exige muita "ralação". Eu levo o profissionalismo muito a sério: sou sempre pontual, tento dar o melhor de mim enquanto estou lá, e fico até o fim, sem reclamar.

2. FOCO, DETERMINAÇÃO E OBSTINAÇÃO. Como acontece com qualquer carreira em que grandes oportunidades e promoções estão em jogo, no *show business* existem muitos altos e baixos, e você tem de ser capaz de lidar com as dificuldades, de encarar as suas derrotas e, ainda, manter o foco em alcançar bons resultados. Quer você tenha ganhado um papel incrível ou não tenha recebido aquela ligação convocando-o para a próxima fase de um teste; quer você tenha sido indicado a um prêmio ou sido totalmente ignorado para tal, você tem de manter o foco.

3. GENTILEZA. Assim como qualquer outro indivíduo em uma equipe interdependente no escritório, quando se é atriz, você trabalha *muito próxima* a outras pessoas, sendo fundamental que encontre formas de se relacionar bem com elas. Longas jornadas diárias são muito mais divertidas quando a atmosfera é amigável. Em suma, é a política básica de escritório: seja verdadeiramente gentil com todos, e eles zelarão pelo seu bem-estar. Além disso, nunca se sabe onde as pessoas irão parar: o jovem assistente pode se tornar um poderoso produtor no futuro; o estagiário pode vir a ser o seu agente; aquela recepcionista pode entrevistá-lo algum dia... Eu sempre trato a todos com respeito, da mesma forma que gostaria de ser tratada.

4. DEDICAÇÃO AO OFÍCIO. Eu não conheço nenhum grande ator que se considere tão bom quanto pode ser. Disposição e interesse para aprender e crescer são cruciais; afinal, cada novo papel exige que você aproveite algo diferente. Da mesma forma, os meus amigos que trabalham no mundo real estão constantemente buscando desenvolver suas capacidades. Além de trabalhar no emprego que atualmente têm, eles sempre abraçam a iniciativa de assumir quaisquer trabalhos adicionais que possam ensinar-lhes algo novo.

5. CULTIVE FORTES CONTATOS. Isso é importante tanto dentro como fora dos ambientes relacionados à tela e ao palco. Assim como precisa ser capaz de transmitir a história e a emoção para o público, você também tem de ser capaz de manter contato com diretores de elenco e produtores nos bastidores; afinal de contas, é tudo uma questão de ser inesquecível: ainda que o trabalho para o qual você está sendo entrevistado ou o papel que você está tentando pegar possa não ser ideal, sempre existe a chance de o diretor de elenco ou um caça-talentos recomendá-lo para outra coisa.

6. RESISTÊNCIA. Quanto mais as pessoas prestarem atenção em você, mais elas terão o que falar, e podem dizer coisas não muito agradáveis. É necessário aprender a focar-se no que é importante e apaziguar a falta de confiança dentro de você.

7. ENERGIA. Quando está atuando, você, basicamente, está "ligado na tomada" o tempo todo, o que requer uma enorme quantidade de energia. Cuidar adequadamente de si mesmo, com certeza, ajuda nesse quesito!

8. MENTE ABERTA E FLEXIBILIDADE. A menos que seja um artista multitarefas, que atua, dirige e produz, enfim, que faz tudo sozinho, você precisa ser capaz de se deixar dirigir e de acatar ordens dos outros. Às vezes, eles têm opiniões que precisam ser aceitas e respeitadas (veja o número 4).

9. APOIO. Esse é um assunto difícil, mas maravilhoso; provavelmente, você se sentirá completamente sobrecarregado se não tiver o apoio da família e dos amigos. Não se esqueça deles enquanto estiver perseguindo os seus sonhos!

10. PAIXÃO. Com sorte, a sua profissão será a sua profissão por um longo tempo. Se você não amar o que faz, nem vale a pena continuar fazendo isso.

Quando está atuando, você, basicamente, está "ligado na tomada" o tempo todo, o que requer uma enorme quantidade de energia. Cuidar adequadamente de si mesmo, com certeza, ajuda nesse quesito!

CAP. 3

CUIDADOS
PESSOAIS

"Você acha que as beldades estarão na moda para sempre? Pois eu digo que não. Logo sairão de moda! Acabou! Então, será a minha vez!"

– FANNY BRICE, DE *FUNNY GIRL - UMA GAROTA GENIAL*

Meu trabalho, como qualquer carreira que envolva manter-se "ligada na tomada", exige uma quantidade enorme de energia. Como você pode imaginar, interpretar um personagem como Rachel Berry não é brincadeira. Para chegar ao trabalho revigorada e descansada e conseguir colocar o meu coração na interpretação, é fundamental que eu aproveite meu tempo de folga e realize coisas para mim mesma; coisas que me façam sentir energizada e livre para fazer o que quero. Como a maioria das atrizes, passo muito tempo sentada em uma cadeira, com gente arrumando o meu cabelo, me maquiando e me preparando para o trabalho em frente às câmeras; mas enquanto sofrer uma exuberante transformação pelos profissionais parece ser um luxo extraordinário, nada se compara a uma maravilhosa sessão de *spa* feita em sua própria casa. Talvez, pelo fato de passar tempo demais sob os cuidados de outras pessoas, eu prefira paparicar a mim mesma em vez de ir para um *spa* todo chique.

Eu acho que isso acontece, em parte, porque, quando estou zanzando na cozinha com uma máscara facial ou aplicando algum produto restaurador no cabelo antes de me sentar para assistir TV, eu estou literalmente cuidando de mim e, mentalmente, é assim que me preparo para enfrentar longos dias no *set* de gravação e no estúdio. Claro, não sou tão qualificada como um esteticista profissional, mas, ainda assim, ouso dizer que podemos cuidar melhor de nós mesmos do que qualquer outra pessoa. Além disso, é muito menos dispendioso do que reservar uma massagem em um *spa*. Eu, de fato, valorizo esse momento, tanto pelo meu bem-estar mental quanto pela minha saúde.

Além dos efeitos terapêuticos desse ritual, eu simplesmente não posso negligenciar a minha pele. Usei isotretinoína duas vezes.

47

Aliás, sabe aquelas garotas que se tornam quase suicidas por causa de suas espinhas? Pois bem, eu fui uma delas. Às vezes, era impossível olhar para o meu rosto e ver algo além das espinhas, e houve um tempo em que eu tinha de cobrir as marcas da pele com "argamassa" só para sair do quarto. Foi hilário quando, em um episódio de *Sex and the City*, Carrie usa um delineador preto para transformar uma espinha em uma "marca de beleza" e eu pensei ter aprendido um grande truque para esconder as espinhas. Sim, seria brilhante se a minha pele não fosse tão ruim a ponto de eu precisar de umas dezesseis "marcas de beleza". Aí, eu saí com as minhas amigas, com o rosto cheio de pontinhos pretos, "me achando", pensando que estava enganando todo mundo, e elas olharam para mim e perguntaram: "Que ***** é essa que você fez no rosto?".

Demorou anos – e um dermatologista verdadeiramente excelente – até que a minha pele se acalmasse. Sabendo agora como ela é capaz de se comportar, e tendo passado por tudo o que já passei, hoje em dia eu proporciono à minha pele o melhor cuidado possível: uso produtos bons, faço consultas regulares com meu dermatologista, e, já que passo a maioria dos dias com maquiagem pesada de palco (e um número aparentemente igual de noites na estrada), sempre que posso dou umas férias à minha pele. Além do mais, é bom lembrar como era a minha aparência, o que pode ser difícil, uma vez que passo uma parte considerável de cada dia vendo-me através de uma camada de base de uma polegada de espessura.

Na época em que eu vivia na pindaíba, comprar produtos para fazer um *test-drive* em casa era algo impensável; hoje em dia, felizmente, eu posso bancar os cuidados de que a minha pele realmente necessita, mas ainda gosto de acrescentar algumas preparações caseiras, todas naturais, à mistura. Sempre que opto por ficar em casa, fico pendurada no telefone, colocando a conversa em dia com a minha mãe ou com as minhas amigas, enquanto me cubro de creme para espinhas e aplico uma variedade de gosmas restauradoras no cabelo; afinal, passar um tempo sozinha serve exatamente para isso!

Na verdade, nem é necessário uma noite inteira sozinha para eu me paparicar – tenho um repertório de pequenos rituais para lançar mão antes de me deitar que, realmente, me ajudam a dormir melhor. Há dias em que trabalhamos dezessete horas seguidas no *set* de gravação de *Glee*[3]. Nesses dias, quando finalmente chego em casa, meu único desejo é desabar na cama – sono é o luxo definitivo, afinal de contas –, mas se separo trinta segundos para colocar uma máscara capilar antes de ir para a cama ou para massagear o couro cabeludo com um pouco de óleo de eucalipto, eu acordo revigorada, pronta para ir trabalhar, nem que tenha tido poucas horas de sono. Quanto mais a frente de trabalho pega pesado comigo, mais essencial é demonstrar amor a mim mesma. E o segredo realmente está nas pequenas coisas: uma rápida máscara facial ou capilar ou uma esfoliação antes de cair dura na cama, me ajuda a zerar o corpo – e rapidamente apaga um dia duro ou até mesmo o complementa. Recomendo de maneira enfática que você – esteja ainda na escola estudando para as provas de fim de ano ou passando seus dias em um escritório, trabalhando – busque qualquer oportunidade, por menor que seja, para paparicar a si mesma (não há nada que a impeça de colocar uma máscara enquanto estiver terminando o seu trabalho ou cuidando de seus afazeres domésticos, ou, quem sabe, recuperando o atraso de alguns episódios de *Scandal*). Não custa muito caro ser verdadeiramente indulgente e criar uma experiência de luxo em sua própria casa.

---

3 Esse livro foi escrito em 2014. (N. E.)

BEBA MAIS ÁGUA!

Sei que você já ouviu isso umas quinhentas vezes (água e protetor solar sempre ocupam o topo das listas de cuidados de beleza imprescindíveis), mas insisto em afirmar que beber água é uma das armas mais importantes do meu kit de beleza. Sendo cantora, é essencial que eu tome muita água, mas o benefício adicional é que ela também faz muito bem para a minha pele. Entre sucos, refrigerantes e cafezinhos, é muito fácil esquecer de beber a boa e velha água. Sempre que me sinto particularmente cansada ou com dor de cabeça, percebo que é porque tenho bebido de tudo, menos água de verdade nas últimas vinte e quatro horas. Quando estou no set de gravação de *Glee*, trago comigo quatro garrafas enormes, e juro pelo que há de mais sagrado que não saio de lá sem ter terminado de beber todas elas. Eu bebo água que nem louca, da mesma forma que garotos em competição mandam bala em engradados de cerveja. Para torná-la mais interessante, eu acrescento folhas frescas de hortelã, pepino, limão ou frutas frescas, como morangos ou framboesas.

CUIDADOS PESSOAIS 51

BANHOS ESSENCIAIS DE BANHEIRA E DE CHUVEIRO

Tirar um tempo para tomar banho de banheira é uma das minhas maiores indulgências – eles realmente fazem com que eu me sinta e pareça muito melhor. Gosto de preparar diferentes combinações de óleos e sais de acordo com o que necessito, e isso varia entre suavizar a minha pele, relaxar após um dia estressante ou aliviar dores musculares. Quando estou sem tempo para um banho completo, com direito a tudo, costumo usar óleos essenciais no chuveiro, apenas para deixar o banho um pouco especial. A seguir, relaciono os principais ingredientes que compõem o meu ritual de banho de banheira. Fico imersa na água por pelo menos quinze minutos. Gosto de baixar músicas de meditação do iTunes e ouvi-las enquanto estou dentro d'água; elas intensificam a experiência toda e tornam o banho ainda mais relaxante.

RELAXAMENTO E DORES MUSCULARES: um copo cheio de sal de Epsom + algumas gotas de óleo de lavanda (a seu gosto).

SUAVIZAÇÃO DA PELE: uma colher de mostarda para banho + algumas gotas de óleo de melaleuca (esse óleo também é muito bom para o couro cabeludo; se quiser, massageie-o com algumas gotinhas).

DESINTOXICAÇÃO DE VERDADE E EQUILÍBRIO DO PH: uma caixinha de 200g de bicarbonato de sódio (eu aumentei para duas caixinhas, mas, de início, use uma quantidade menor!).

COISAS QUE EU NÃO FAÇO DE JEITO NENHUM

Estas são as coisas que eu jamais farei, sob nenhuma circunstância. Algumas delas são senso comum entre as pessoas, enquanto outras me foram insistentemente orientadas pelos profissionais com quem trabalho rotineiramente.

1. DORMIR DE MAQUIAGEM OU ESQUECER DE LAVAR O ROSTO ANTES DE DORMIR. Por mais cansada que eu esteja no fim do dia, o que não é raro acontecer, eu nunca, jamais, pulo essa etapa. Quando você dorme de maquiagem, está, basicamente, enfiando-a em seus poros e convidando uma espinha para uma festa do pijama.

2. UTILIZAR PINCÉIS SUJOS OU MAQUIAGEM COM PRAZO DE VALIDADE VENCIDO. Eu jogo fora a minha maquiagem a cada três meses e lavo os meus pincéis com ainda mais frequência. Costumo usar um *spray* destinado especificamente a isso, mas você também pode limpar os pincéis com xampu, desde que seja bem suave (apenas certifique-se de enxaguá-los bem). Para desperdiçar o mínimo possível, mantenho a minha bolsa de maquiagem em ordem e "enxuta".

3. USAR PRODUTOS DE OUTRAS PESSOAS. Mesmo estando convencida de que minhas amigas não têm quaisquer doenças transmissíveis, sei que todos nós possuímos a nossa própria coleção de germes e que não é bacana compartilhá-los, especialmente quando se tem a pele com propensão à acne, como a minha.

4. DORMIR POUCO. Eu, realmente, preciso de oito horas de sono.

5. VIAJAR DE AVIÃO MAQUIADA. Se no dia em que vou viajar a minha pele está ruim ou se sei que vou encontrar *paparazzi* no aeroporto, eu coloco maquiagem, mas a retiro completamente assim que embarco no avião. Eu sempre carrego lenços umedecidos comigo. Gosto de usar esse tempo no céu para cuidar da minha pele e realmente deixá-la respirar (veja a seguir os meus rituais malucos).

6. DEIXAR DE BEBER BASTANTE ÁGUA, ESPECIALMENTE QUANDO ESTOU VOANDO. Como já mencionei, eu faço um esforço consciente para mandar goela abaixo a maior quantidade possível de água durante o dia.

7. DORMIR COM FRONHAS SUJAS. Eu mudo os meus lençóis toda semana. Durante o verão, troco-os ainda mais frequentemente.

8. COLOCAR MAQUIAGEM DEPOIS DE TRATAMENTOS FACIAIS. Eu agendo um tratamento facial quando acho que a minha pele realmente precisa ser limpa, e nesse processo, todos os poros são abertos; então, deixo a maquiagem de lado porque acho importante mantê-los bem abertos por mais tempo, para que a pele possa respirar e se curar pelo máximo de tempo possível.

9. TOCAR O ROSTO COM AS MÃOS SUJAS! Na verdade, eu sempre tento evitar colocar as mãos no rosto, e uma coisa que eu não faço mesmo é ficar mexendo na pele, coçando, espremendo, tirando casquinha, e por aí vai!

10. DEIXAR DE USAR PROTETOR SOLAR.
Meu amigo Jonathan Groff nunca se preocupou em proteger sua pele dos raios do sol, afinal, ele não é daqueles que curtem se bronzear e, por isso, achava que não corria nenhum risco; mas, por mais louco que possa parecer, ele foi ao médico e foi diagnosticado com câncer de pele. E, mais assustador, é que o médico lhe disse que se esse diagnóstico tivesse demorado um pouquinho mais ele poderia estar morto em alguns meses. O câncer foi removido e ele está bem agora, mas me fez prometer que eu iria checar todas as minhas marcas e sinais na pele. Embora eu seja naturalmente morena e não esteja propensa a me queimar, graças a Jonathan eu sempre, sempre mesmo, uso protetor solar: passo uma camada generosa de protetor fator 50 no rosto e de fator 20 no meu corpo, e vou religiosamente a consultas para verificar marcas e sinais na pele. Mesmo que você não more em uma ensolarada cidade litorânea, proteja a sua pele do sol!

DICAS DE VIAGEM

Eu sempre tenho um *kit* de viagem preparado e embalado; assim, quando sei que não vou dormir na minha própria cama, tenho tudo de que preciso à mão. Conforme já mencionei, eu nunca, jamais, utilizo produtos de outras pessoas ou aqueles fornecidos em hotéis, mesmo que sejam os melhores do mercado. Tenho um histórico de pele ruim e, por isso, tenho de me manter com o que funciona melhor, evitando estressar a minha pele com mudanças de rotina. Algumas pessoas são abençoadas com uma pele que lhes permite usar o que quer que queiram — elas, talvez, nem precisem lavar o rosto toda noite; então, se esquecerem de fazer de vez em quando, tudo bem —, mas eu não tenho essa sorte! Se eu levar comigo aonde quer que vá amostras dos produtos que uso, nunca precisarei me estressar com algo que talvez possa fazer o meu rosto se encher de espinhas. Diversas lojas de departamentos possuem grandes corredores de produtos de beleza orgânicos, feitos sob medida para viagem, e a Kiehl's também é uma boa pedida.

Estes são os produtos que sempre carrego comigo; exceto a lâmina de barbear e os elásticos de cabelo, todos os demais são das marcas que costumo usar e que funcionam bem para mim — isso é realmente importante:

1. LOÇÃO DE LIMPEZA FACIAL
2. HIDRATANTE
3. CREME PARA ACNE
4. LÂMINA DE BARBEAR
5. ELÁSTICOS PARA O CABELO
6. XAMPU
7. CONDICIONADOR

APROVEITANDO AO MÁXIMO O TEMPO NO VOO

Adoro viajar com Melanie Inglessis, a minha maquiadora, porque nós duas desenvolvemos diversos tipos de rituais e hábitos para passar o tempo e fazer ótimas coisas para a nossa pele durante a viagem. Depois de termos nos acomodado em nossos lugares e o avião ter decolado, limpamos o rosto com almofadas de algodão embebidas em leite de rosas e aplicamos um forte hidratante para ajudar a combater a desidratação que o ar no interior do avião costuma causar à pele. Também lambuzamos os lábios com um delicioso protetor labial.

Em viagens, Melanie sempre leva máscaras faciais completas e de colágeno para os olhos, e ela as aplica tanto em mim quanto nela mesma quando estamos prontas para cochilar durante a viagem. Todo mundo olha para nós como se fôssemos duas malucas, mas garanto que vale a pena. Nada melhor do que desembarcar com uma pele linda e refrescada.

Assim que acordamos, removemos as máscaras, limpamos os excessos com almofadas de algodão, e usamos uma loção adstringente para fechar os poros.

Em seguida, aplicamos um leve hidratante e um pouco de creme para os olhos (aplique-o em movimentos circulares em torno dos olhos com o dedo anelar). Então, finalizamos com um hidratante tonalizante, para criar uma aparência saudável e um brilho uniforme, um tiquinho de corretivo para manchas, um pouco de pó na "zona T" (área do rosto que abrange a testa toda, o nariz, em volta da boca e o queixo) e estamos prontas para desembarcar! Melanie não costuma usar muita maquiagem, mas eu, às vezes, aplico um batom vermelho brilhante, que é o meu *look* básico quando o resto do rosto está nu.

RITUAL PARA UM DIA DE SPA COMPLETO
(EM MEU PRÓPRIO BANHEIRO)

Quando eu tenho o luxo de ter tempo e uma manhã ou uma tarde inesperadamente livre, faço o possível para direcionar todas as minhas energias em rituais de paparicação. Isso não apenas funciona como um passaporte rápido para eu me concentrar e me reconectar comigo mesma, como também, certamente, faz o meu cabelo e a minha pele – para não dizer a alma – parecerem melhor e estarem, de fato, melhor ainda.

PRIMEIRO – Tomo um restaurador banho de banheira, em geral um daqueles que aliviam dores musculares, principalmente se eu tive uma semana muito intensa no *set* de gravação ou no treino.

SEGUNDO – Aplico uma máscara capilar restauradora. Como o meu cabelo é enrolado e eu o seco com secador, as pontas tendem a ficar resssecadas; então, Mark Townsend, o meu guru dos cabelos, ensinou-me essa receita – os ingredientes podem ser adquiridos em lojas de produtos naturais. Quando dou sorte, ele mesmo prepara a receita para mim e me entrega um frasco para eu guardar no box do meu banheiro. Ali, o vapor da água liquefaz o óleo de coco, o que é fundamental, mas, de qualquer forma, é preciso agitar firmemente o frasco antes de aplicar o produto no cabelo, porque os ingredientes se separam uns dos outros; então, fica o recado: "agite antes de usar". Para quem tem cabelo fino, Mark recomenda diluir a mistura em água e deixá-la no box, em um frasco com aplicador tipo *spray*, para que seja levemente borrifada no cabelo durante o banho – também nesse caso é preciso agitar o frasco com força, para misturar novamente os ingredientes, e só então aspergir a mistura nas pontas. Feito isso, ele orienta a deixar a mistura agir só por alguns minutinhos, para que o cabelo não fique pesado, e, em seguida, enxaguar bem. No meu caso, Mark gosta que eu utilize a mistura toda semana e, a cada vez, a deixe no cabelo durante uma hora (eu passo a mistura e coloco uma touca de banho) antes de lavar.

MÁSCARA DE CABELOS DO MARK

1 xícara de óleo de coco (um excelente hidratante composto por moléculas minúsculas – moléculas tão pequenas, na verdade, que podem penetrar na medula capilar)

1 colher de sopa de óleo de amêndoas (ácidos graxos essenciais)

1 colher de sopa de óleo de jojoba (hidratante)

1 colher de chá de óleo de vitamina E (lubrificante)

1 colher de chá de óleo de cenoura (pessoas de cabelo claro devem usar somente uma ou duas gotinhas, pois pode manchar o cabelo)

TERCEIRO — Tiro a tampa da banheira, drenando toda a água, e fico sentada enquanto esfolio o corpo todo com uma esponja esfoliante. **Para uma esfoliação forte e intensa**, eu coloco duas colheres de sopa de sal Epsom com cinco colheres de sopa de azeite de oliva em uma tigela e misturo até chegar à consistência certa – certifique-se de que o azeite esteja bem misturado. **Para uma esfoliação de intensidade de média a forte**, eu coloco duas colheres de açúcar mascavo com cerca de duas colheres de sopa de mel ou de agave (agave não é tão viscoso) em uma tigela e misturo bem – aqui, mais uma vez, certifique-se de que o mel ou o agave esteja bem misturado com o açúcar mascavo, apesar de a mistura ter uma consistência áspera. **Para uma esfoliação leve**, eu misturo duas colheres de óleo de coco (aqueça-o no micro-ondas ou em banho-maria caso esteja muito solidificado e difícil de mexer) com o dobro de colheres de açúcar e um pouco de limão fresco ou cascas de limão. Como alternativa a essas receitinhas, há uma variedade de excelentes misturas para esfoliação já prontas e orgânicas na Whole Foods.

QUARTO — Depois que a minha pele ficou agradável e suave, eu ligo o chuveiro e deixo a água cair no cabelo e no corpo, enxaguando-os abundantemente só com água – nada de sabonete ou de qualquer outro produto.

QUINTO — Aplico o Rose Body Oil, de Dr. Hauschka, no corpo todo, exceto no rosto. É uma pequena extravagância que não custa tão caro (você pode comprar pela internet) e hidrata a minha pele melhor do que qualquer outra coisa.

SEXTO – Aplico uma máscara facial. Uma versão de pepino congelado é, de longe, a que eu mais costumo aplicar, uma vez que acalma consideravelmente a minha pele – é realmente ótima para todos os tipos de pele. Deixo a máscara agir no rosto até que ela comece a se liquefazer; então, enxáguo com água fria. (Saiba que a aplicação dessa máscara pode ser meio confusa!)

MÁSCARA FACIAL DE PEPINO

Pegue dois pepinos picados e um punhado de gelo triturado e misture até obter uma consistência de purê grosso – uma espécie de "raspadinha" de pepino. Eu adiciono algumas gotas de óleo essencial de hortelã à mistura e aplico-a rapidamente, antes que o gelo comece a derreter. Quando estou com tempo, coloco algodão em volta do rosto para evitar que a máscara escorra, lambuzando cabelo, pescoço..., e quando estou com pressa, eu simplesmente a aplico na região dos olhos. É *congelante*, mas a sensação é maravilhosa.

SÉTIMO – Faço, eu mesma, um rápido serviço de manicure e pedicure caseiro. Dependendo de quanto tempo se passou desde que saí da banheira, eu mergulho os pés em água quente com um pouco de óleo essencial de eucalipto ou de hortelã e, em seguida, suavizo as solas dos meus pés com uma lixa. Então, aplico uma camada de fortalecedor de unhas e alguma loção espessa.

O essencial para relaxar

1. Velas: Adoro a essência Voluspa de bourbon francês de baunilha.

2. Vinho tinto: Sou italiana, então amo vinho tinto, mas só tenho em casa variedades orgânicas, pois eles têm menos sulfitos.* O meu favorito é Our Daily Red, muito gostoso e à venda em lojas de departamentos.

3. Música calma: Bon Iver é um dos meus artistas favoritos - a música dele é muito relaxante - e as gravações da Barbra sempre me ajudam a espairecer.

4. Óleo de lavanda e sais de banho: Se estou tensa, algumas gotas de óleo de banho de ervas junto a sais de banho são um santo remédio (ambos disponíveis em lojas de departamentos). O de valeriana com lúpulo sempre me ajuda a dormir.

5. Chá quente: Se não estou a fim de vinho, fervo um pouco de água com limão e mel. É uma ótima forma de livrar o corpo das toxinas. Se eu quiser dar sabor, faço um chá yogi de camomila e lavanda.

* Sulfitos evitam que o vinho fermente. Vinhos orgânicos tendem a ter menos sulfitos, e o tinto seco menos que o branco suave.

OS HOLOFOTES

1. Ao final de um longo dia, esforçar-se um pouquinho para fazer algo de bom para si mesma sempre a fará sentir-se melhor, tanto na hora em que estiver fazendo como na manhã seguinte. Permita-se alguns agrados: encha uma taça de champanhe, sintonize no canal Bravo e aplique aquela máscara! Para mim, esse parece o melhor fim de noite do mundo.

2. Criar rituais de paparicação é uma excelente opção financeira. Não há absolutamente nenhum motivo que a impeça de recriar a experiência de um *spa* em sua própria casa e de tornar essa experiência uma indulgência semanal.

3. Tem havido um grande movimento em prol de produtos orgânicos para os cuidados da pele, o que é ótimo, e não há melhor forma de provar esse conceito do que em sua própria cozinha, com ingredientes que estão prontamente disponíveis nos supermercados.

4. Rotina é fundamental – não conte com tratamentos faciais ocasionais para resolver problemas de pele. O trabalho de cuidar de si mesmo não termina quando chegamos em casa; aliás, grande parte desse trabalho precisa acontecer pelas suas próprias mãos. Constância é o segredo! Lave o rosto toda manhã e toda noite - e, por favor, não mexa no rosto!

5. Seja coerente: assim que encontrar os produtos que funcionem para você, mantenha-os sempre à mão e leve um *kit* de viagem com você quando sair. Não danifique a sua pele mudando de produtos, e isso inclui xampus e condicionadores de cabelo, pois produtos diferentes podem ter um efeito negativo sobre o seu cabelo e rosto.

CAP. 4

POR AMOR À COMIDA

"Eu sou uma rosquinha no meio de pães de cebola!"

– FANNY BRICE, DE *FUNNY GIRL - UMA GAROTA GENIAL*

Minha mãe sempre me ensinou a respeitar o meu corpo, pois a gente só tem um e deve cuidar dele o melhor que puder, e eu aprendi pra valer essa lição com ela. Nunca trato o meu corpo como um depósito de lixo, e procuro alimentá-lo só com a melhor comida possível; afinal de contas, o combustível certo é a fonte da energia de que eu preciso para fazer bem o meu trabalho. Isso sempre me ajudou a evitar cair em maus hábitos. Eu nunca comia *fast food* quando era pequena; em vez disso, como qualquer família italiana tradicional, preparávamos todas as refeições juntos. Comida era o tema central da nossa vida: demonstrávamos o nosso amor com uma travessa de ziti ao forno. Por isso, muitas das minhas memórias de infância e de juventude favoritas têm como cenário a mesa de jantar da família. Foi lá também que aprendi que a comida pode ser ao mesmo tempo saudável e deliciosa, e uma oportunidade para celebrar. Resumindo: eu amo comida. Pergunte aos meus amigos e eles dirão que eu sou aquele tipo de pessoa que gosta de contar sobre todas as coisas que comeu no dia e que sabe indicar um bom lugar para jantar fora e sugerir todos os bons pratos para se pedir e saborear. Eu realmente amo comida.

Uma vez que a alimentação é o que me mantém viva e o que me faz bem, eu sempre me empenho ao máximo para encará-la de um modo equilibrado. Claro que moderação é importante, porém, como ninguém é de ferro, às vezes me permito algum deslize. Não há dúvidas de que há dias em que preciso comer uma pizza congelada inteirinha diante da televisão. Como eu costumo manter o equilíbrio alimentar ao longo da semana, nunca me cobro por esses momentos. Na verdade, encaro o sábado ou o domingo como um dia de folga na rigidez alimentar;

simplesmente amo esses dias. Porque essas extravagâncias constituem um prazer e não uma norma, eu realmente as curto; é uma sensação muito mais especial do que se tivesse uma alimentação desregrada todos os dias.

E também acho que é por isso que nunca tive uma crise com relação à comida e ao meu peso: não uso a comida como remédio para os meus problemas emocionais nem trato as refeições como inimigas mortais. Eu fui para a escola com um monte de meninas que, infelizmente, tinham problemas com a comida e lutavam com transtornos alimentares. Em um mundo que exerce demasiada pressão sobre as pessoas a respeito de aparência, a contagem de calorias se torna facilmente uma obsessão. Se, por um lado, eu posso entender completamente por que as meninas acham que precisam alterar sua aparência para se ajustar ao mundo, por outro, penso que é imprescindível ater-se firmemente a um equilíbrio saudável e amar a si mesma, alimentando o corpo com coisas deliciosas e saudáveis. Além disso, parecer igual a todo mundo seria a pior coisa que alguém poderia fazer a si mesmo! O que me foi ensinado – e que eu aprendi muito bem – é que você tem de realmente amar a si mesma, com "imperfeições" e tudo, a fim de sentir-se o melhor possível e de aparentar isso. E esse processo tem início com a alimentação, com você nutrindo-se de coisas que lhe fazem bem.

Tendo criação italiana, minha vida sempre girou em torno de laticínios – eu nunca fui louca por doces. Se tiver escolha, sempre vou preferir um macarrão com queijo de sobremesa do que um suflê de chocolate, e, por isso, laticínios e carboidratos foram a base da minha dieta antes de vir para Los Angeles. Quando eu me mudei, li um livro chamado *Skinny Bitch*,[4] um título enganador, pois o livro não é sobre ser magro, mas so-

> SE, POR UM LADO, EU POSSO ENTENDER COMPLETAMENTE POR QUE AS MENINAS ACHAM QUE PRECISAM ALTERAR SUA APARÊNCIA PARA SE AJUSTAR AO MUNDO, POR OUTRO, PENSO QUE É IMPRESCINDÍVEL ATER-SE FIRMEMENTE A UM EQUILÍBRIO SAUDÁVEL E AMAR A SI MESMA, ALIMENTANDO O CORPO COM COISAS DELICIOSAS E SAUDÁVEIS.

bre a verdade por trás de todas as coisas que comemos. Até então, eu pensava que uma rosquinha de manhã, um sanduíche de peru e queijo no almoço e um prato de macarrão no jantar eram a base para uma dieta bem equilibrada. Já disse que amo carboidratos? Com esse livro, eu não só aprendi um monte de coisas sobre a indústria da carne, que mudou completamente a minha maneira de pensar sobre comida, como também aprendi a importância das verduras. Você não vê muito a cor verde em Nova York. Depois que li esse livro, eu mudei minha dieta por completo e apaixonei-me loucamente por produtos frescos. Eu, de fato, sou doida por saladas, frutas e vegetais frescos.

Ser vegetariana é a minha preferência, mas não acho que isso seja o tipo de coisa que se deva empurrar para as outras pessoas. Eu mesma mudo de vez em quando, alternando entre ser vegetariana, vegana, e pescetariana. Agora, o que nunca vai mudar é a prática de sempre dar ao meu corpo o combustível de que ele necessita, a fim de que eu possa me sentir o melhor possível e que isso possa ser refletido em minha aparência.

---

4 FREEDMAN, R. et al. *Magra & poderosa*. Rio de Janeiro: Intrínseca, 2007.

VITAMINAS

Sempre procuro consumir o máximo de vitaminas possível por meio da alimentação, mas para ter certeza de que estou consumindo o suficiente, toda semana eu vou ao médico para receber uma dose suplementar de vitamina B12 (isso é muito comum em Los Angeles). Além disso, ganhei da minha mãe um superliquidificador Vitamix, e, sempre que possível, eu complemento minhas refeições com um suco fresquinho, extraído na hora. Felizmente, quando não tenho tempo para fazer o meu próprio suco, há uma grande quantidade de ótimas casas de sucos por toda a cidade. Você deveria experimentar fazer sucos com seus sabores favoritos e ir personalizando essa experiência, aumentando ou diminuindo a quantidade de cada ingrediente, dependendo do seu paladar.

Aqui estão algumas das minhas receitas favoritas:

PARA AUMENTAR A ENERGIA: três folhas de couve (sem o talo e rasgadas ou cortadas), um punhado de espinafre, quatro pedaços de aipo, suco de dois limões e uma maçã picada (há quem vá mais longe e tire a maçã da receita, substituindo-a por algumas folhas de alface romana ou por um punhado de salsinha).

PARA SUPLEMENTAÇÃO ALIMENTAR: uma banana, metade de um abacate e um punhado de mirtilo.

PARA DESINCHAR: um copo de água com o suco de dois limões inteiros, metade de um pepino, quatro a seis cubos de melancia e algumas lascas de gengibre fresco.

ONZE LANCHINHOS QUE EU SEMPRE TENHO À MÃO

Como o bufê à disposição dos artistas sempre é repleto de tentações muito, muito traiçoeiras, eu costumo levar uma marmitinha para o trabalho, assim como costumo levar comida quando viajo. Para garantir que nunca vou passar aperto nem morrer de fome, mantenho algumas coisinhas escondidas na minha geladeira, no meu trailer no set de gravação e na minha bagagem de mão, que são:

1. Uvas

2. Algas marinhas

3. Chips de couve (nas páginas a seguir, incluo uma receita fácil, embora você possa comprar esse item pronto)

4. Tzatziki (nas páginas a seguir, apresento uma receita modificada, embora você possa comprar esse item pronto)

5. Cenouras

6. Aipo

7. Homus

8. Barrinhas de cereais

9. Goji berries com cobertura de chocolate

10. Pepinos

11. Salgadinho de queijo

LENDO O CARDÁPIO

Embora eu tente cozinhar sempre que possível, também adoro experimentar novos restaurantes. Além disso, eu trabalho tanto, que jantar fora é a maneira que encontro de me socializar e de recuperar o atraso com os amigos. Nessas ocasiões, para encontrar uma opção boa e saudável, e, talvez, também um deleite, costumo pesquisar restaurantes on-line e estudar o cardápio com antecedência. Quando eu chego a um restaurante e me sento à mesa sem antes ter visto o cardápio, acabo pedindo comida demais, porque, à primeira vista, tudo parece tão apetitoso, que quero experimentar tudo. Então, se tiver tempo para realmente pensar sobre o que quero comer e sobre o que o meu corpo precisa, eu não corro o risco de exagerar.

CHIPS DE COUVE

INGREDIENTES:

Um **maço de couve**

Azeite de oliva em uma embalagem com borrifador *spray*

Sal marinho

MODO DE PREPARO:

1. Preaqueça o forno a 180 °C.

2. Lave e enxágue a couve e, depois, retire os talos com uma faca pequena.

3. Rasgue as folhas em pedaços do tamanho adequado para petiscar.

4. Coloque os pedaços em uma assadeira e pulverize-os levemente com azeite de oliva.

5. Polvilhe o sal marinho por cima.

6. Asse a couve por cerca de 10 a 15 minutos, agitando a assadeira de vez em quando, para garantir que os pedaços assem uniformemente.

MANTENDO O RITMO NAS VIAGENS

Quando estou na estrada, não tenho problemas em manter a minha rotina alimentar normal. Não tendo sido criada comendo *fast food*, não começo a salivar logo que vejo o Burger King no aeroporto – mas se a cadeia do In-N-Out Burgers se espalhar por todo o país, aí sim estarei em apuros –; então, nunca fico muito preocupada de que vá sair completamente dos trilhos.

Antes de ir para o aeroporto, sempre embalo um almoço – nunca como comida de avião. Leva cerca de dois minutos para montar o meu lanchinho pela manhã, e normalmente é muito melhor do que qualquer coisa que será servida pela companhia aérea. Além disso, como parece que eu sinto *muito* mais fome quando estou viajando, eu preparo uma marmita repleta de petiscos, que recebe um monte de olhares invejosos dos meus colegas de voo.

E se a situação apertar, procuro um Subway e peço um sanduíche gigante de pão integral carregado de legumes, azeite e umas gotinhas de vinagre.

MINHAS EXTRAVAGÂNCIAS FAVORITAS

Porque você não pode ser comportada o tempo todo!

1. Sanduíches de queijo grelhado In-N-Out (particularmente quando estou viajando)

2. Macarrão com queijo

3. Pizza

4. *Bagels* nova-iorquinos com *cream cheese*, alface e pepinos

5. Cestas de pão

6. Tábuas de queijo (amo os tipos manchego e brie, em particular)

7. Vinho

O QUE EU COMO NO DIA A DIA

Quando não trapaceio, tento manter uma dieta bastante simples, certa de que o que como não apenas é gratificante e delicioso, mas suficientemente nutritivo para me dar a energia de que preciso no meu trabalho. Ao longo dos anos, reuni diversos cardápios práticos da minha família, dos meus amigos, de livros de culinária ou de minhas próprias experimentações na cozinha, que eu fui ajustando para o meu gosto.

Eis uma amostra do que costumo comer em um dia comum:

DIA 1
CAFÉ DA MANHÃ

Iogurte de leite de cabra + Granola + Frutas silvestres

INGREDIENTES:

1 xícara de iogurte de leite de cabra (esse é o meu preferido, mas a mistura fica boa também com iogurte comum ou grego)

½ xícara de granola

¼ xícara de morango picado

¼ xícara de amora

¼ xícara de mirtilo

MODO DE PREPARO:

Cubra o iogurte com granola e frutinhas silvestres e sirva!

ALMOÇO

Salada de couve + Tzatziki + Torrada de trigo integral

Eu adoro um gosto meio azedinho nas coisas, e é por isso que costumo preparar um rápido vinagrete de vinho tinto. Quando estou a fim de comida ultrassaudável, em vez de um molho mais tradicional, opto simplesmente por vinagre de maçã puro com um pouco de sal marinho e limão. Ou misturo molho de missô cremoso comprado pronto com vinagre de maçã. Se você nunca provou uma salada de couve, dê-se a chance de experimentar, e comece com um molho mais espesso, como um Caesar orgânico, antes de partir para opções mais saudáveis.

Salada de couve

INGREDIENTES:

3 folhas de couve

Suco de **1** limão

1 pitada de sal marinho

1 colher de chá de azeite de oliva

1 maçã picada

3 talos de aipo, cortados

> Nota: couve é uma verdura muito dura, e você realmente precisa amaciá-la com a ponta dos dedos para apurar o sabor; pode parecer loucura, mas isso a torna muito mais agradável de comer. Se você acha que não gosta de couve, experimente esta receita antes de desistir de vez!

MODO DE PREPARO:

1. Lave, enxágue e tire os talos da couve.

2. Rasgue a couve em pedaços pequenos.

3. Coloque-a em uma tigela com uma pitada de sal marinho e o suco de limão e, em seguida, literalmente massageie os pedaços por cerca de cinco minutos (ou até mais).

4. Quando estiver amolecida, adicione a colher de chá de azeite.

Vinagrete de vinho tinto

Esta receita vai bem com diversas saladas; então, coloque o que sobrar em um pote de vidro e guarde na geladeira. Quando gelado, esse molho se separa, por isso, espere que volte à temperatura ambiente antes de misturá-lo novamente.

INGREDIENTES:

1 colher de chá de sal *kosher*

1 colher de chá de mostarda de Dijon

1 dente de alho, finamente picado

3 colheres de sopa de vinagre de vinho tinto

6 colheres de sopa de azeite de oliva

4 cebolinhas, as partes brancas fatiadas finas

MODO DE PREPARO:

Junte os ingredientes em uma tigela e misture.

Tzatziki

Esta não é a receita mais "autêntica" de tzatziki, mas é rápida e deliciosa, e torna o iogurte grego um pouco mais interessante. Essa quantidade é suficiente para mim, mas se convido amigos, multiplico a receita.

INGREDIENTES:

200 gramas de iogurte grego

1 pepino pequeno, descascado e cortado em cubos

1 colher de chá de sal *kosher*

1 colher de sopa de vinagre de maçã

1 colher de chá de azeite de oliva

½ colher de chá de alho picado

1 colher de sopa de endro fresco (eu amo endro; use menos, se não gostar tanto assim)

1 pitada de pimenta-negra

Suco de **2** limões

MODO DE PREPARO:

1. Em uma tigela, misture todos os ingredientes, exceto o suco de limão.

2. Em seguida, adicione o suco de limão à mistura, mexa e sirva!

JANTAR

Radicchio ralado, parmesão, pizza trufada de trigo integral com ovo frito de um lado só + Macarrão de quinoa com molho marinara

Vi uma variação desta receita de pizza no excelente guia do veganismo da minha amiga Alicia Silverstone, *The Kind Diet*. A minha versão é um pouco menos saudável, porque eu uso massa pronta de pizza de trigo integral (se for usar massa pronta, verifique na embalagem se é preciso assar um pouco mais antes de acrescentar as coberturas).

Radichio ralado, parmesão, pizza trufada de trigo integral com ovo frito de um lado só

INGREDIENTES:

1 disco de massa pronta de pizza de trigo integral de 30 cm

1 radicchio finamente ralado (se for muito grande, use apenas metade; para ralar, use um ralador, mas tome cuidado para não cortar os dedos!)

2 colheres de sopa de suco de limão espremido na hora

1 colher de chá de sal *kosher*

2 colheres de sopa de azeite, mais **1** colher de chá

Queijo parmesão **ralado** na hora

1 ovo

1 colher de chá de azeite trufado (opcional)

MODO DE PREPARO:

1. Preaqueça o forno a 200 °C.

2. Se necessário, asse um pouco mais a massa de pizza.

3. Coloque o radicchio em um saco Ziploc com o suco de limão, o sal *kosher* e 2 colheres de sopa de azeite de oliva e agite bem, até que tudo esteja bem misturado.

4. Cubra a massa de pizza pronta com a mistura de radicchio e asse até que fique crocante (você também pode colocá-la em uma grelha ao ar livre). Isso deve levar cerca de 10 minutos.

5. Rale o queijo parmesão por cima até cobrir toda a pizza, e continue a assar, até que o queijo derreta (cerca de 2 minutos).

6. Aqueça 1 colher de chá de azeite em uma frigideira em fogo médio.

7. Quando a frigideira estiver quente, quebre um ovo nela.

8. Quando a pizza estiver quase pronta (a essa altura, o radicchio deve estar crocante), tire o ovo frito de um lado só da frigideira com o auxílio de uma espátula (a gema tem de estar um pouco mole) e coloque-o em cima da pizza, levando-a ao forno por mais 2 minutos.

9. Se quiser, adicione um fiozinho de azeite trufado por cima antes de servir.

Macarrão de quinoa com molho marinara

INGREDIENTES:

3 colheres de sopa de azeite de oliva

½ cebola picada

4 dentes de alho picados

2 latas de tomates pelados inteiros (eu uso da marca San Marzano)

1 colher de sopa de sal *kosher*, mais 2 colheres de chá

450 gramas de macarrão de quinoa

Queijo parmesão **a gosto**

MODO DE PREPARO:

1. Coloque uma panela grande no fogão e deixe-a aquecer em fogo médio-alto.

2. Na panela aquecida, adicione o azeite.

3. Em seguida, adicione a cebola e o alho e cozinhe até que a cebola esteja ligeiramente transparente (cerca de 5 minutos).

4. Adicione os tomates, tempere com sal a gosto e abaixe o fogo para médio.

5. Cozinhe por cerca de uma hora, mexendo ocasionalmente e pressionando os tomates contra a lateral da panela, para esmagá-los. Quando pronto, o molho deve ter uma consistência espessa.

6. Enquanto isso, ferva água para a massa com 1 colher de sopa de sal *kosher*.

7. Cozinhe o macarrão de acordo com instruções da embalagem para ficar *al dente*; escorra-o e coloque-o em uma tigela ou travessa.

8. Retire o molho do fogo, despeje-o sobre a massa e adicione o queijo parmesão antes de servir.

DIA 2
CAFÉ DA MANHÃ
Tofu mexido + Torrada de pão integral

INGREDIENTES:

500 gramas de tofu firme

½ colher de chá de sal (ou **a gosto**)

½ colher de chá de pimenta-negra (ou **a gosto**)

2 fatias de queijo de arroz

2 torradas de pão integral

2 colheres de sopa de salsa (molho mexicano)

¼ de abacate, cortado

MODO DE PREPARO:

1. Coloque uma panela no fogão em fogo médio e deixe aquecer.

2. Esmague o tofu ligeiramente com um garfo e coloque-o na panela.

3. Adicione o sal, a pimenta e o queijo e mexa com uma espátula.

4. Aqueça durante cerca de três minutos, ou até que o queijo derreta.

5. Despeje sobre a torrada integral e cubra com salsa e abacate.

ALMOÇO
Wrap vegetariano

Esta é uma opção muito rápida e nutritiva para um dia atarefado – sempre tenho esses alimentos básicos na geladeira para preparar um almoço rápido e nutritivo.

INGREDIENTES:

1 *tortilla* de espinafre

¼ de xícara de homus

1 xícara de rúcula

¼ de pimentão vermelho, cortado em tiras

¼ de pimentão laranja, cortado em tiras

¼ de pimentão amarelo, cortado em tiras

1 talo de aipo, fatiado

¼ de xícara de folhas de coentro, despedaçadas

Metade de um limão

1 colher de chá de sal

MODO DE PREPARO:

1. Espalhe o homus na *tortilla* de espinafre e adicione rúcula, pimentão, aipo e coentro.

2. Esprema o limão em toda a mistura, polvilhe o sal por cima e enrole a tortilla.

Quando eu quero ser muuuito saudável, uso uma folha de couve-galega.

JANTAR
Sopa de lentilha à francesa

Por cima de uma simples, mas saudável, sopa de lentilha, eu amo acrescentar uma camada de queijo gruyère derretido: é a minha adaptação da sopa de cebola francesa!

INGREDIENTES:

2 colheres de sopa de azeite

1 cebola, picada fino

2 cenouras, cortadas em cubos

2 talos de aipo, fatiados

1 xícara de lentilhas em conserva, lavada

6 xícaras de caldo de legumes

Sal

Pimenta-negra

¼ de xícara de queijo gruyère ralado

MODO DE PREPARO:

1. Coloque uma panela no fogão em fogo médio-alto e adicione o azeite.

2. Acrescente a cebola e refogue-a até ficar transparente (cerca de 5 minutos).

3. Adicione as cenouras e o aipo e refogue por 2 minutos.

4. Misture as lentilhas e refogue por 1 minuto.

5. Adicione o caldo de legumes (pode trocar por água, se preferir uma sopa menos encorpada), leve a mistura ao fogo até ferver e, em seguida, diminua para fogo baixo.

6. Deixe ferver por 30 minutos.

7. Tempere com sal e pimenta a gosto.

8. Despeje em uma tigela refratária, adicione o queijo ralado e leve ao forno, a 100 °C, até que o queijo derreta (cerca de 2 minutos).

DIA 3

CAFÉ DA MANHÃ

Fritada de claras

INGREDIENTES:

2 colheres de sopa de azeite

1 pimentão vermelho, sem sementes
e picado

1 pimentão verde, sem sementes e picado

¼ de cebola picada

1 colher de chá de sal *kosher*

1 colher de chá de pimenta-negra

8 claras de ovo

½ xícara de queijo feta, esmigalhado

250 gramas de espinafre fresco

MODO DE PREPARO:

1. Preaqueça o forno a 190 °C.

2. Em uma frigideira refratária, coloque o
azeite e aqueça em fogo médio-baixo.

3. Refogue os pimentões e a cebola até que
fiquem macios (cerca de 7 minutos).

4. Polvilhe o refogado com sal e pimenta.

5. Despeje as claras de ovo por cima do
refogado e cozinhe por 3 minutos.

6. Por cima de tudo, polvilhe o queijo feta[5]
e o espinafre.

7. Leve a frigideira ao forno e asse,
descoberta, durante 8 a 10 minutos.

8. Solte as bordas da fritada com uma
espátula de borracha e, em seguida,
desenforme em um prato.

---

5 Queijo de origem grega, em geral feito com leite de cabra e de ovelha. (N. T.)

ALMOÇO
Hambúrguer vegetariano de lentilha

INGREDIENTES:

1 xícara de lentilhas secas, selecionadas e lavadas

½ cebola, picada fino

½ cenoura, picada fino

2 colheres de sopa de azeite

Pimenta-do-reino **a gosto**

1 colher de sopa de molho de soja

¾ de xícara de migalhas de pão

1 ovo

½ xícara de espinafre

Metade de um limão

COBERTURAS OPCIONAIS:

1 fatia de queijo de arroz *pepper jack*

Ketchup **orgânico**

¼ de abacate fatiado

1 pão integral próprio para hambúrguer

MODO DE PREPARO:

1. Ferva as lentilhas em 2½ xícaras de água salgada por 45 minutos.

2. Preaqueça o forno a 100 °C.

3. Refogue a cebola e a cenoura no azeite até que fiquem macias (cerca de 5 minutos).

4. Em uma tigela grande, misture a cebola, a cenoura, as lentilhas, a pimenta-do-reino, o molho de soja, as migalhas de pão e o ovo.

5. Separe porções da mistura, modele em formato de hambúrguer e coloque-os em uma assadeira forrada com papel-manteiga.

6. Asse os hambúrgueres por 20 a 25 minutos e coloque-os em um prato ou travessa.

7. Na mesma panela utilizada para refogar a cebola e a cenoura, amoleça o espinafre por cerca de 2 minutos.

8. Esprema o limão sobre o espinafre e distribua-o sobre os hambúrgueres.

9. Cubra os hambúrgueres com qualquer outra coisa de que você goste – eu costumo adicionar uma fatia de queijo de arroz tipo *pepper jack*[6], um pouco de ketchup orgânico e algumas fatias finas de abacate.

---

6 Queijo americano, de consistência cremosa, que endurece à medida que envelhece, acrescido de pimenta. (N. T.)

JANTAR
Salmão + Aspargos

Sempre compro salmão selvagem do Alasca: quando ele é de alta qualidade, fica maravilhoso, mesmo com a mais simples das preparações.

INGREDIENTES:

1 xícara de arroz integral cru

Metade de um filé de salmão

2 colheres de chá de azeite de oliva

Sal marinho

2 limões

6 aspargos

MODO DE PREPARO:

1. Ligue a grelha e deixe-a aquecer até que esteja seca e quente.

2. Coloque o arroz na panela de arroz (se não tiver uma panela de arroz, faça-o normalmente, seguindo as instruções da embalagem; em geral, a proporção é de duas porções de água para uma de arroz).

3. Pincele o salmão com 1 colher de chá de azeite de oliva, polvilhe o lado cor-de-rosa com um pouco de sal marinho e, por cima, esprema o suco de 1 limão.

4. Coloque o salmão na grelha, com o lado da pele virado para baixo, e deixe grelhar por 8 a 10 minutos.

5. Regue os aspargos com o restante do azeite, polvilhe-os com um pouco de sal marinho e, com cuidado, coloque-os na grelha.

6. Vire o salmão e grelhe o lado sem pele por alguns minutos, até o grelhado ficar a seu gosto.

7. Uma vez que os aspargos estejam bem tostados e tenros (cerca de 5 minutos), retire-os da grelha e sirva-os com o salmão.

POR AMOR À COMIDA 87

NAVEGANDO NO SUPERMERCADO

Acredito muito em manter a minha casa saudável. Algumas coisas que entram na minha cozinha são realmente saudáveis, como pão sem glúten e queijo de arroz, e outras são meio safadinhas (mas nunca terríveis). Dessa forma, quando estou a fim de comer besteiras, tenho boas opções. Mas costumo deixar para fazer concessões alimentares para quando saio com os amigos.

Adoro ir ao supermercado. É algo meio idiota, mas é parte do que considero um dia perfeito. Coloco fones de ouvido, ouço boa música e demoro o tempo que for para fazer as minhas compras, sem afobação. Isso me dá a chance de realmente olhar e verificar as opções, que, aliás, foi como esbarrei na maioria das minhas alternativas saudáveis favoritas. Eu só descobri o pão Ezequiel (um pão "vivo", de baixo índice glicêmico, que é saudável, delicioso e rico em grãos, como lentilha e cevada) porque parei no corredor dos pães para avaliar as opções, e o mesmo aconteceu com o iogurte de leite de cabra Redwood Hill, que tem probióticos, vitaminas, minerais e proteínas completas.

OS HOLOFOTES

1. Lembre-se de que o seu corpo é o seu santuário. Ele merece coisas boas para comer, que lhe darão a energia e força de que você precisa para levar o seu dia.

2. Resista à tentação de contar calorias: você pode consumir todas as suas calorias em Kisses, da Hershey, e não dar ao seu corpo a nutrição de que ele realmente necessita; por outro lado, morrer de fome também não é uma opção.

3. Quando for jantar fora, consulte o menu com antecedência, para que possa ser cuidadoso com as suas escolhas.

4. Vasculhe o supermercado atrás de alternativas mais saudáveis para os seus alimentos favoritos: você poderá se surpreender ao descobrir que existe uma versão ainda mais saborosa (e saudável) do Cheetos.

5. Quando for viajar, leve o seu próprio almoço; além de ser muito mais nutritivo (refeições de avião tendem a ter uma tonelada de sódio), você não passará fome esperando o carrinho de amendoim.

CAP. 5

VIVENDO UMA VIDA EM FORMA

"Eu sou uma obra em andamento."

- BARBRA STREISAND

Desnecessário dizer que atuar, particularmente em um seriado como *Glee*, requer um bocado de energia. Na verdade, nada disso: a própria vida, em geral, requer um bocado de energia. Não posso esperar que, entrando no *set* de gravação fora de forma ou privada de sono, eu consiga dar tudo de mim para fazer Rachel Berry ganhar vida na tela. Além de querer me sentir *bem*, de modo geral, uma das exigências do meu trabalho é que eu realmente leve isso para o *set*.

Quando eu morava em Nova York, nunca fiz academia, nem mesmo considerava a possibilidade de manter uma rotina de exercícios, porque, pura e simplesmente, eu vivia em movimento. Na Broadway, eu passava os dias dançando no palco, o que, sem dúvida, equivale a três aulas de *spinning*. E, nos meus dias de folga, eu também não ficava para-

da, porque andar pelas ruas de Nova York e subir e descer as escadarias do metrô não deixa de ser um exercício e tanto — a gente acaba percorrendo facilmente grandes distâncias sem sentir, sem perceber. Por causa disso, acabei ficando um pouco mal-acostumada em relação a exercitar-me.

Graças à minha herança italiana, é seguro dizer que amo carboidratos. Quando estava na Broadway, era fácil queimar mais calorias do que consumia sem ter de fazer qualquer esforço extra; por isso, se eu chegasse em casa, depois de fazer dois espetáculos, e comesse uma caixa inteira de macarrão com queijo orgânico Annie's, tudo bem — eu nem perdia tempo pensando no assunto. Graças ao meu estilo de vida antissedentário, no entanto, eu tinha energia de sobra para me apresentar. Mas quando vim para Los Angeles, as coisas mudaram.

Em Los Angeles, prevalece a cultura do carro, e como só se vai de carro a todos os lugares, você, automaticamente, passa a maior

91

parte do dia sentado (e dá-lhe trânsito!). Eu, realmente, não levei isso em conta quando me mudei. Na verdade, como L.A. tem um dos melhores circuitos artísticos que existem e não se para de trabalhar durante os 365 dias do ano, imaginei que ficaria na minha melhor forma! Porém, estava redondamente enganada. Após os primeiros meses de gravação, comecei a me sentir um pouco cansada e apática, e dar a Rachel a vivacidade que ela exige e merece estava se tornando uma luta. Nunca tive balança em casa, e o departamento de figurino também nunca me deu nenhuma indireta, mas quando a temporada foi ao ar, e eu me vi na TV, ficou claro que eu tinha ganhado cerca de dois a três quilos entre o episódio 2 e o 12. Dois ou três quilos pode não parecer muito, mas quando se tem 1,57 m de altura, chama muito a atenção!

Eu, na verdade, não me importava por ter ganhado peso, mas sim por não me sentir bem e já não ter a energia de que necessitava para encarnar Rachel todos os dias. Para isso, precisaria de toda a ajuda que pudesse conseguir! Cortei as refeições de fim de noite no bufê da produção (uma bandeja de arroz e legumes fritos... delícia!) e comecei a incluir muito mais movimento em meus dias. Na Broadway, eu fazia oito espetáculos por semana, todos envolvendo muita dança. Embora *Glee* seja muito ativo, a programação é diferente a cada dia: às vezes, estamos fazendo números musicais e ficamos aprendendo a coreografia por horas a fio, mas há dias em que permanecemos sentados na sala do coral. E sentar é tudo que fazemos.

Comecei a pesquisar todas as opções para me exercitar, o que era um mundo totalmente novo para mim. E como exercitar-se é, às vezes, uma coisa muito chata, eu queria tentar tornar isso o mais divertido possível

e experimentar de tudo, até encontrar o que melhor me servisse. Existe um punhado de diferentes tribos de exercício em Los Angeles: há os ratos de academia, que passam horas na Equinox ou na famosa Gold's Gym e usam tais locais para socializar, ver gente e ficar se olhando no espelho; há os *nerds* da malhação, que se dedicam exclusivamente a SoulCycle, Tracy Anderson ou Pop Physique; e, por fim, há aqueles que tiram partido do proverbial bom clima de L.A. durante o ano todo e passam seus dias de folga passeando de bicicleta ao longo da Pacific Coast Highway ou fazendo caminhadas em Mandeville Canyon. Depois de muita tentativa e erro, determinei que pertenço às duas últimas tribos: tenho o luxo de contar com uma incrível *personal trainer*, Devon Butler, que me ajuda a tirar o máximo proveito do meu próprio quintal para vários exercícios de força, e depois passo os fins de semana explorando trilhas de Los Angeles e aparecendo na academia para aulas ocasionais.

Eu o incentivo a tentar de tudo, porque a experiência certa pode mudar completamente sua perspectiva sobre exercitar-se e fazer você ficar louco para se mexer. De início, quando comecei a frequentar a academia, tive receio de fazer aulas de *spinning*, já que todos me diziam que essas aulas são bem difíceis, mas descobri que amava fazer *spinning* – e, o que é ainda melhor, descobri que, na verdade, eu era boa nisso! E o mesmo se deu em relação a Bikram Yoga: as pessoas só me contavam histórias horríveis sobre a modalidade e diziam que eu iria odiar se tentasse, mas realmente amei – e amo – me alongar em um ambiente tão quente. Por outro lado, pensei que adoraria Pilates, mas descobri que não é para mim. Então, conclui que a combinação de caminhadas, ioga e exercícios no quintal de casa é o que me faz mais feliz – com uma aula de *spinning* com um amigo, de vez em quando, por via das dúvidas. Agendar treinos com bastante antecedência me ajuda a cumpri-los; também costumo pedir aos amigos que me mandem mensagem de texto avisando quando estiverem indo fazer aula, pois pode ser que eu possa ir também; afinal, ter companhia é um incentivo extra (e, além disso, você se sente extremamente mal quando fura com os amigos!).

A razão pela qual eu amo me exercitar no meu quintal, com Devon, é que posso manter-me extremamente focada, e ela torna tudo tão divertido para mim, que esse é o verdadeiro segredo de funcionar. Quando encontra aulas, rotinas ou companheiros de treino que façam você esperar ansiosamente pela malhação, é muito mais fácil atravessar essa horinha puxada. No meu quintal, posso fazer tudo o que faria em uma academia, mas sem pagar mensalidade e sem perder o tempo para ir e vir. Sei que treinadores custam caro, e foi por isso que Devon e eu incluímos os meus exercícios favoritos neste capítulo, para que você possa fazê-los em sua casa, com apenas algumas ferramentas (muitas vezes, eu os faço sozinha, mas com Devon meu rendimento é melhor porque ela exige muito mais de mim!). Em uma boa semana, tento malhar três vezes: Devon e eu fazemos uma sessão no quintal, daí marcamos uma caminhada e uma sessão de ioga. Encontrar trilhas locais e explorar a sua cidade a pé são ótimas maneiras de conhecer a sua área e de acelerar o seu ritmo cardíaco, tudo sem gastar um centavo.

Quando se trata de *fitness*, é muito importante avaliar a própria temperatura interna e ver como você se sente: sente-se apático? Por mais estranho que possa parecer, uma caminhada vigorosa lhe dará energia de sobra para todo o seu dia. De fato, não importa quantas

Encontrar trilhas locais e explorar a sua cidade a pé são ótimas maneiras de conhecer a sua área e de acelerar o seu ritmo cardíaco, tudo sem gastar um centavo.

vezes você malha nem quantas repetições faz; o importante mesmo é você escutar o seu corpo e dar-lhe o que ele precisa. Pode ser muito difícil encontrar motivação para levantar-se e praticar algum exercício – muito difícil! –, mas você sempre se sentirá melhor depois. Agora, é bem verdade que eu também sempre me sinto bem melhor depois de me jogar no sofá e assistir a um episódio de *Don't Be Tardy*, no Bravo. Há dias em que é exatamente *disso* que o seu corpo precisa – e se tenho sido disciplinada na malhação, me dou uma folga para me refestelar no sofá. Mas se eu já estiver há alguns dias sem me exercitar, tento fazer alguma atividade pequena – uma rápida caminhada na esteira é o bastante para me reiniciar e reenergizar, e, finalmente, me colocar de volta nos trilhos.

MALHAÇÃO BÁSICA

AS CINCO MANEIRAS RÁPIDAS DE DEVON PARA ADICIONAR MAIS MOVIMENTO À SUA VIDA

1. Sempre use as escadas em vez do elevador.

2. Quando for ao *shopping* ou supermercado, procure estacionar o mais longe possível da entrada – depois, na volta até o carro, use as sacolas de compras como pesos para fortalecer os bíceps, erguendo-as e baixando-as (rosca bíceps).

3. Enquanto estiver vendo televisão, faça agachamentos ou abdominais durante os intervalos comerciais.

4. Se tiver um animal de estimação ou uma criança, sente-se no chão para brincar.

5. Em vez de usar uma cadeira tradicional, troque-a por uma bola de equilíbrio: isso força você a trabalhar a postura e os músculos abdominais durante o tempo no computador.

Eu comprei uma bicicleta para poder andar pela Paramount entre as tomadas!

Tentei snowboard e foi um exercício pra lá de bom – eu incorporo o máximo de atividades que meu tempo livre permite.

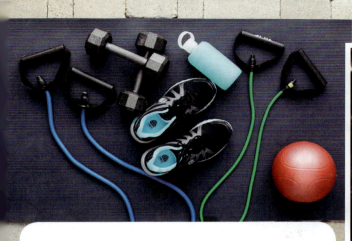

Mix motivação/Mix malhação

1. "Sexy Back" - Justin Timberlake
2. "Locked Out of Heaven" - Bruno Mars
3. "I Love It" - Icona Pop
4. "Womanizer" - Britney Spears
5. "Run the World (Girls)" - Beyoncé
6. "Starships" - Nicki Minaj
7. "Americano/Dance Again" - Glee
8. "Firework" - Katy Perry
9. "Dancing on My Own" - Robyn
10. "Only Girl (in the World)" - Rihanna

ELIMINANDO NÓS DE TENSÃO

Não há nada pior que um grande e doloroso nó nas costas – isso prejudica o seu trabalho, o seu relaxamento e até o seu sono. Quando o alongamento não é suficiente, você precisa de alívio imediato, sem necessariamente estourar o orçamento com um massagista caro. Como grandes nós de tensão exigem pressão intensa – e isso é mais do que um amigo prestativo pode oferecer –, eu uso o meu próprio peso corporal e uma bolinha de tênis para trabalhá-los. Faço assim: deito-me sobre uma bolinha de tênis, posiciono-a sob o nó e movimento-me um pouco, até que o nó desapareça!

MALHANDO EM SEU PRÓPRIO QUINTAL

É assim que Devon me mantém pronta para o tapete vermelho – você pode fazer esses exercícios com um mínimo de equipamentos em seu próprio quintal!

ALONGAMENTO DINÂMICO/AQUECIMENTO

É importante fazer o aquecimento com alongamentos dinâmicos, que consistem em movimentar os músculos em uma posição de alongamento. Alongamentos estáticos (pense nos alongamentos tradicionais ensinados nas aulas de academia) devem ser feitos no fim do treino, pois forçam os músculos a relaxar e, finalmente, a esfriar. Embora perfeita como relaxamento, essa tática não é a correta no início de um treino; ao contrário, alongamentos dinâmicos preparam os músculos para atividades com pesos.

1 BALANÇOS DINÂMICOS DE PERNAS – 15 DE CADA LADO

Esse é um alongamento dinâmico para aquecer o organismo inteiro: estique a perna e balance-a para a frente e, depois, dobre-a enquanto a balança de volta. Esse exercício aumenta a sua amplitude de movimento à medida que os músculos são alongados e aquecidos. Este alongamento dinâmico trabalha quadríceps, isquiotibiais e psoas (flexor dos quadris).

A linda bebê Juliette nasceu em 2013!

VIVENDO UMA VIDA EM FORMA 97

2 BALANÇOS DINÂMICOS DE BRAÇOS – 20 BALANÇOS NO TOTAL

Balance os braços para trás, na altura dos ombros, alongando peitorais e ombros. Em seguida, balance-os para a frente e cruze-os sobre o peito, tocando as costas. Este alongamento dinâmico trabalha ombros, bíceps, peitoral e costas.

3 AGACHAMENTOS ALTERNADOS – 60 SEGUNDOS

Com os pés juntos, dê um passo para a direita e faça um agachamento. Depois, volte a juntar os pés, dê um passo para a esquerda e agache. Alterne as pernas continuamente, fazendo o máximo de agachamentos que conseguir, durante um minuto. Este alongamento dinâmico aquece o corpo de maneira suave e eleva ligeiramente o ritmo cardíaco.

ROTINA DE MALHAÇÃO
(REPETIR TRÊS VEZES)

1. LUNGE ESTACIONÁRIA/ROSCA BÍCEPS – 15 REPETIÇÕES DE CADA LADO

Coloque as pernas em lunge profunda (uma perna na frente da outra), de forma que os joelhos formem um ângulo de noventa graus entre eles quando dobrados, e segure frouxamente um halter de 2 kg a 3,5 kg em cada mão, ambas abaixadas. Dobre os joelhos e baixe em lunge; então, endireite as pernas e levante os halteres em rosca bíceps. Este exercício tem como alvo glúteos, quadríceps, adutores do quadril e bíceps.

2 PRANCHA COM TORÇÃO – 20 REPETIÇÕES DE CADA LADO, ALTERNADAMENTE

Mantenha uma prancha completa (o topo de uma flexão), com os pés tão afastados quanto as mãos. Dobre um joelho e torça o corpo, de modo que o joelho encoste no cotovelo oposto, mantendo barriga "para dentro" e quadris levantados ao nível do ombro, para que a parte inferior das costas não se vergue. Este exercício tem como alvo os músculos oblíquos e abdominais e os ombros.

3 POLICHINELOS COM DESENVOLVIMENTO – 60 SEGUNDOS

Pule, abrindo e fechando as pernas, como no tradicional exercício do polichinelo, e, ao mesmo tempo, erga os braços (com um haltere de 1,5 kg em cada mão) em linha reta, acima da cabeça, a partir da posição *shoulder-press* (desenvolvimento), cada vez que afastar as pernas. Este exercício tem como alvo as pernas e os ombros.

4 AGACHAMENTO COM REMADA – 20 REPETIÇÕES

Prenda o remo elástico ou uma faixa elástica resistente em algo bem firme ao nível do ombro (pode ser no batente da porta). Segure as alças do remo (ou as pontas da faixa) e movimente-se para trás, até que a tira elástica esteja tensionada. Estenda os braços para a frente enquanto solta os quadris para trás, dobrando os joelhos em um agachamento – como se estivesse sentando em uma cadeira, e seus joelhos nunca devem ultrapassar a linha dos dedos dos pés. Ao esticar as pernas para levantar-se, puxe as alças em direção à sua caixa torácica e una as omoplatas. Este exercício tem como alvo os glúteos, o tronco e a parte superior das costas.

5 KICKBACKS (BURPEE MODIFICADO) – 15 REPETIÇÕES

Inicie em pé e, em seguida, desça em agachamento. Coloque as mãos na frente dos pés e salte para trás em posição de prancha, salte de volta para o agachamento (mantendo as costas retas) e retorne à posição em pé. Este exercício tem como alvo o corpo inteiro e é uma boa atividade cardiovascular.

6 ABDOMINAL INVERTIDO – 25 REPETIÇÕES

Deite-se de costas sobre um colchonete, com os braços atrás da cabeça. Eleve os ombros do chão bem alto, de forma a forçar os músculos abdominais. Faça com que os joelhos dobrados toquem os cotovelos e, depois, estenda as pernas em um ângulo de 45 graus (ou inferior, à medida que for se fortalecendo); em seguida, puxe os joelhos dobrados de volta para os cotovelos, usando os músculos abdominais inferiores. Certifique-se de manter as costas pressionadas contra o colchonete, sem arqueá-las. Se isso acontecer, estenda as pernas em um ângulo superior. Este exercício tem como alvo os músculos abdominais superiores e inferiores.

EXERCÍCIOS DE ARREFECIMENTO
(REPITA EM AMBOS OS LADOS)

1 ALONGAMENTO DOS MÚSCULOS ISQUIOTIBIAIS – MANTENHA DURANTE 30 SEGUNDOS

Deite-se de costas sobre um colchonete e levante a perna direita para cima, em direção ao céu. Dependendo da sua flexibilidade, agarre-a na altura do tornozelo ou atrás do joelho e puxe-a em direção ao seu rosto. Você também pode usar uma toalha ou faixa elástica de ioga para envolver o pé.

2 ALONGAMENTO DOS QUADRIS – MANTENHA DURANTE 30 SEGUNDOS

Enquanto estiver deitado de costas, cruze o tornozelo direito sobre o joelho esquerdo dobrado e coloque as duas mãos atrás da coxa esquerda. Puxe as pernas em direção ao peito.

3 ALONGAMENTO DA PARTE INFERIOR DAS COSTAS – MANTENHA DURANTE 30 SEGUNDOS

Ainda deitado de costas, mantenha o joelho direito dobrado e depois torça a perna direita em direção ao corpo, de modo que seu joelho direito termine próximo ao quadril esquerdo. Estenda os braços ao longo do corpo e olhe por cima do ombro direito.

Os holofotes

1. Experimente o máximo de opções de exercícios que puder para descobrir o que funciona melhor para você; afinal de contas, é uma sensação incrível encontrar uma rotina que se ama e aguardar ansiosamente para fazê-la. Encontre a sua atividade física ideal, aquela que possa ser o seu passaporte para uma vida em forma e que não precise de muita motivação para ser feita. Mantenha a mente aberta: você pode se divertir muito em uma aula de *spinning* temática, com trilha de clássicos da Broadway, ou em uma sessão de aeróbica dos anos oitenta! Nunca se sabe!

2. Descubra o que está tentando alcançar, seja aumento de energia, seja desintoxicação geral, perda de peso, ganho de peso ou uma experiência espiritual. Se você deseja perder peso, compre um DVD da Jillian Michaels e deixe-a gritar com você; mas se estiver buscando relaxar, essa pode não ser a melhor opção.

3. Perceba quando estiver acomodado, e não se engane pensando que isso não tem importância – tente ao menos fazer alguma coisa para se colocar em movimento. Dito isso, quando precisar de uma pausa, faça! Tirar um dia de folga é parte importante de ser bom para si mesmo. Se faltar à academia, pelo menos aproveite o tempo e não se sinta culpado nem se recrimine por causa disso; uma atitude assim pode rapidamente fazer com que os exercícios acabem lhe parecendo uma obrigação penosa e você passe a se preocupar morbidamente com isso – e a

evitar mais ainda a academia. Encare seus treinos como um prazer e como algo de positivo, pelo qual espera ansiosamente.

4. Tire algum tempo no fim de semana para programar a sua agenda de exercícios da semana seguinte: anotá-los na agenda facilita a preparação mental para realizá-los. Não confie em si mesmo para decidir na hora se vai ou não para a academia, pois é muito fácil desistir. Simplesmente, faça disso um compromisso.

5. Encontre um companheiro de treino: se assumir com um amigo o compromisso de fazer uma caminhada semanal ou uma aula na academia, é muito menos provável que você caia fora.

CAP. 6

ESTILO DO DIA A DIA

"Eu vou pelo instinto. Não me preocupo com a experiência."

– BARBRA STREISAND

Quando eu estava em *Ragtime*, uma colega de elenco chamada Monica me disse que é preciso estar fabulosa vinte e quatro horas por dia, e isso entrou na minha cabeça e ficou. Na verdade, você pode até rir, mas eu sou o tipo de garota que usa camisola para dormir. Sério: eu amo ir dormir vestindo algo bonito – ou, pelo menos, combinando, mesmo que seja uma camiseta preta e um shortinho preto. Não uso camisetas extragrandes nem visto coisas que tenham buracos. Nunca. E, devo dizer, só o fato de firmar essa posição já faz com que eu me sinta incrível.

Ultimamente, muitas vezes eu tenho de acordar às quatro da manhã para ir trabalhar, e é muito tentador ir para o *set* de gravação enfiada em calças de ioga e em um agasalho bem largo de moletom com capuz. Mas eu tomei uma resolução de Ano-Novo: o que

eu faço é o meu trabalho, e devo demonstrar o devido respeito por ele colocando uma roupa legal para ir trabalhar de manhã. Para que isso aconteça, eu revivi uma antiga tática que usava na época do colégio, que pode parecer loucura, mas realmente me economiza muito tempo: eu, literalmente, planejo com antecedência o que irei vestir em cada dia da semana à frente. Assim, a cada manhã, quando ainda estou meio grogue, posso pegar o traje do dia "de olhos fechados", sem ter de perder tempo na frente do armário, tentando combinar peças. Isso não significa me produzir como uma perua todos os dias, mas apenas me vestir adequadamente para o meu trabalho. Eu posso ter "chegado lá", como se diz, mas isso não significa que agora eu possa relaxar ou considerar que está tudo garantido. Quero sempre me apresentar bem.

Quando sou entrevistada para matérias em revistas, sempre me pedem para descrever o meu estilo pessoal, e todos que me perguntam isso sempre ficam um tanto desapontados com a resposta: "Meu estilo pessoal é bastante simples; sou o tipo de garota "jeans e camiseta", e prefiro expressar o meu lado mais criativo no trabalho, nas sessões de fotos ou no tapete vermelho". Na vida cotidiana, não uso meias três quartos e mocassins *à la* Rachel Berry, nem vestidos chiques quando não estou em um grande evento. Minha preocupação básica é estar apresentável e vestida adequadamente sempre que sair de casa.

Além disso, as peças em que confio para me ajudar a estar sempre apresentável e vestida adequadamente, em geral não custam os olhos da cara. Quando sou entrevistada, sempre me perguntam também sobre a minha última grande aquisição. Sinceramente, eu não sou de gastar muito quando compro roupas: adquiro peças bem acabadas, que possam durar muito, e poucas. Sempre me interessei mais por qualidade do que por quantidade. Não creio que as garotas precisem possuir oito mil pares de sapatos e seis mil bolsas: eu, normalmente, invisto em uma boa bolsa por ano. Se alguma peça que compro é incrível, tento aproveitá-lo ao máximo – e é difícil aproveitar alguma coisa ao máximo se ela só for tirada do *closet* a cada dois meses!

MINHA ROUPA FAVORITA QUANDO GAROTA

Quando eu era pequena, meu *look* básico era *legging* preta, camiseta de manga comprida, meias brancas enroladas sobre a *legging* e sapatilhas. Então, não... Eu não tinha grande senso de moda. Cresci em uma comunidade rica em Nova Jersey, onde *status* era fundamental: o que você usava para ir à escola era de extrema importância. Como eu vinha de uma família menos próspera – não no mundo real, mas definitivamente sim em uma cidade em que as pessoas viviam em mansões e meninas da sexta série usavam bolsas Prada como estojo de lápis – eu não podia torrar cem dólares em um jeans como os que as minhas amigas usavam. E meus pais estavam certos em estabelecer esses limites. Agradeço a Deus por não ter podido sair comprando tudo o que queria, pois assim aprendi a realmente valorizar o que tinha. E também aprendi que não é preciso ter o que todo mundo tem para se enturmar.

PEÇA MAIS IMPORTANTE

Antes de falecer, meu avô me deu de presente um colar que vou valorizar sempre; ele tem um pequeno diamante, e eu o amo demais. Também vou guardar para sempre o colar Finn, da Rachel, em *Glee*.

ÍCONE DE ESTILO

Eu, de fato, adoro o estilo de Rachel Bilson, porque ela sempre parece acertar sem se esforçar muito. Eu a amava como Summer, no seriado *The O. C.: um Estranho no Paraíso*, e tem sido divertido vê-la desenvolver uma grande carreira e firmar-se como um verdadeiro ícone da moda. Seu estilo natural e espontâneo é exatamente como eu amo me vestir casualmente.

PRIMEIRA COMPRA IMPORTANTE

Quando comecei em *Glee*, comprei uma bolsa Balenciaga – foi a minha primeira grande aquisição. Acho que vale mais a pena investir grana em uma bolsa maravilhosa ou em uma bela peça de joia do que em algo como um vestido. Em geral, acessórios não fazem parte das tendências passageiras e duram mais tempo.

AS MELHORES COISAS QUE JÁ COMPREI

Estes são os itens que representam marcos na minha vida – e eu os usarei até a morte.

JEANS: este jeans *skinny* da Citizens of Humanity tem um caimento perfeito em mim.

SALTO ALTO: estes foram um presente de Cory; acho que foi muito especial ele ter me dado sapatos, uma vez que não é a primeira coisa que lhes ocorre na hora de presentear.

JAQUETA DE COURO: esta eu comprei na boutique de uma amiga minha, Switch, e acho que é superirada.

BOLSA: essa bolsa Balenciaga foi a primeira grande compra que fiz quando comecei no seriado *Glee*.

MEU ESTILO NAS DUAS COSTAS DOS ESTADOS UNIDOS

NOVA YORK

Foi só quando me mudei para Los Angeles que me dei conta de que, enquanto morava em Nova York, eu só usava preto. É um clichê, mas é verdade: em Nova York, preto tende a ser o uniforme de todos. Mas preto nunca é chato. Na verdade, quando estou lá, costumo me divertir muito mais, ousando com o meu guarda-roupa, acrescentando camadas e adicionando acessórios – quando se trata de moda, você pode variar muito mais naquela cidade. Lá, mantenho o hábito de vestir-me de preto, mas acrescento um toque de vermelho nos lábios ou uso um monte de acessórios ou meias de padrão divertido (acho que é a Rachel Berry se manifestando em mim). A cidade de Nova York simplesmente permite mais criatividade: você está constantemente rodeado por um mar de pessoas interessantes e ecléticas caminhando pelas ruas; além disso, como lá as estações do ano são bem marcadas e faz frio de verdade no inverno, significa que camadas de roupas sobrepostas (muitas vezes de peças *vintage* realmente bacanas) são uma constante.

LOS ANGELES

Enquanto morava em Nova York, eu sempre fantasiava como seria viver na Costa Oeste e usar shorts, chinelos e camisetas o ano todo. Agora que realmente vivo em Los Angeles, confesso que, quando estou em casa, vivo esse sonho. Los Angeles tem uma considerável credibilidade em termos de moda, mas, no que tange a se vestir bem e com elegância, sempre será mais casual e menos criativa do que Nova York – eu não sei se é porque L.A. é permanentemente ensolarada e não há lugar para camadas de roupas sobrepostas ou porque as pessoas não caminham muito pelas ruas (o que impera é a cultura do carro, afinal de contas), mas o estilo da maioria das pessoas é muito mais simples e valoriza muito mais as grifes e marcas (nem é preciso dizer que em L.A. não há muitos brechós). Por isso, quando estou lá, meu estilo é mais simples também.

COMO SE VESTIR SENDO BAIXINHA

Sem querer parecer atrevida, ainda que possa soar assim, eu acredito que é preciso mostrar a pele o máximo possível se tem pouca estatura. Em sessões de fotos, estilistas tendem a querer me cobrir com montes de tecidos, mas isso não funciona quando se tem 1,57 m de altura (por incrível que pareça, eu sou considerada alta na minha família… Minha mãe mede 1,50 m!). Drapeados demais me fazem parecer ainda mais miúda e simplesmente acabam com a minha altura. Eu preciso usar calças mais largas, com *top* justinho e sem mangas, e suéteres folgados com shortinho. Sou grande fã de minivestidos – na verdade, muitas vezes levo meus vestidos à costureira, para que os encurte ainda mais.

Em última análise, vestir uma pessoa de baixa estatura é uma questão de equilíbrio e de encontrar uma parte do corpo para revelar. Eu amo minhas pernas, acho que elas são minha melhor característica; então, gosto de mostrá-las.

O plano de reposição semestral

São as pequenas coisas que contam, e nada pode minar um dia mais rápido do que meias mal ajustadas, frouxas, ou lingerie velha. A cada seis meses, tenho por norma reabastecer a minha seleção de ambas as coisas e eliminar camisetas e *tops* que já tenham dado o que tinham de dar. Em geral, só compro esses itens fundamentais nas cores branco e preto; é claro que já caí na tentação de comprar um sutiã amarelo fluorescente ou cor-de-rosa, mas, em última análise, gosto de me lembrar que é melhor ter um guarda-roupa *clean* e simples (dessa forma, você também nunca precisa se preocupar se as peças combinam ou não).

ESTILO DO DIA A DIA 115

MAXIMIZAÇÃO DO MEU ORÇAMENTO DE COMPRAS

Eu não vou às compras por esporte nem saio por aí gastando de forma descuidada e descontrolada. Sou muito estratégica sobre o que comprar e quando comprar para garantir que nunca desperdice dinheiro e nunca entulhe o meu *closet* com coisas que nunca vou usar.

1. SEMPRE FAÇO UMA LISTA. Compro sazonalmente, duas vezes por ano. Dessa forma, sei exatamente do que preciso e tento obter tudo isso em apenas um ou dois locais. Se eu sair para fazer compras como quem vai passear em vez de sair para comprar alguma coisa, especificamente, com certeza, vou desperdiçar dinheiro em coisas de que não preciso e que acabarei nem usando.

2. COMPRO POR CONJUNTOS. Em vez de escolher peça por peça, ao acaso, peço aos vendedores para me ajudar a montar conjuntos. Assim, saio da loja com três *looks* completos, em vez de dez peças separadas, e sabendo exatamente como combiná-los.

3. ESCOLHO PEÇAS QUE NÃO PRECISEM DE AJUSTE. Isso pode soar um pouco óbvio, mas eu nunca compro coisas que necessitem de grandes reformas. Quando uma peça não se ajusta mais ou menos bem em mim, ela não vai para casa comigo – pequenos ajustes e alterações tudo bem, mas se a peça tiver de passar por uma remodelação total, não vale a pena.

4. EU ME CONCENTRO EM APENAS UMA LOJA. Resisto à tentação de saltar de loja em loja: quando me atenho a uma loja completa e realmente me concentro, sempre acabo comprando nela tudo de que preciso, em vez de um colar aqui e um vestido acolá.

LOJAS FAVORITAS
SWITCH, BEVERLY HILLS

Quando quero fazer apenas uma parada, esse é o meu lugar favorito. Em geral, não gosto de fazer compras em grandes lojas, uma vez que elas podem distrair a sua atenção muito facilmente. Não consigo me concentrar em grandes lojas de departamentos, e também não sou de ficar garimpando peças em brechós, atrás de achados únicos. Se a peça não estiver bem exposta e colocada na minha frente, não vou encontrá-la. Eu amo comprar na Switch porque lá tem tudo que eu preciso, do formal ao casual, e eu nunca desperdiço dinheiro em coisas que acabo não usando depois.

REDE BARNEYS

É aonde eu vou quando estou disposta a gastar mais, porque eles realmente têm marcas de alta qualidade, e sei que tudo o que eu comprar vai durar um longo tempo.

URBAN OUTFITTERS

Essa loja tem os melhores e mais bonitos vestidinhos curtos – eu compro um monte de coisas lá para a minha estada em Nova York.

ANTHROPOLOGIE

Amo a coleção de camisolas e roupas confortáveis da Anthro.

O conforto de um aconchegante suéter

Todos os anos, no meu aniversário, minha mãe me presenteia com um suéter confortável, e essa se tornou uma das minhas maneiras favoritas de marcar a passagem do tempo. É praticamente o melhor presente; afinal de contas, um suéter bonito, bem-feito e confortável não é o tipo de coisa que se compra para si mesmo.

MARCAS FAVORITAS

HELMUT LANG — É caro, mas tem grande qualidade e as peças duram muito.

VINCE — Essas peças também são caras, mas têm ótimo acabamento e são extremamente confortáveis; sempre invisto em seus *tops*, em particular.

SWITCH — Amo sua linha exclusiva de camisetas.

ORGANIZAÇÃO DO *CLOSET*

Para resumir, sou uma antiacumuladora: se não tiver usado alguma coisa no ano passado, então, passo-a para quem *vá* usá-la ou vesti-la.

Se pudesse, eu iria à casa de todo mundo e organizaria os armários das pessoas. Poucas coisas causam mais irritação e desperdício de tempo (e de dinheiro) do que um *closet* entulhado. Eu arrumo o meu constantemente.

Não tenho um monte de coisas, especialmente porque gosto de ser capaz de enxergar claramente todas as minhas opções. E, também, para nunca correr o risco de comprar algo e, em seguida, descobrir que tenho três itens semelhantes escondidos no fundo do guarda-roupa. Além disso, eu, decididamente, não tenho paciência nem inclinação para ter de mergulhar num mar de vestidos e *tops* toda vez que tiver de encontrar algo para vestir.

OS HOLOFOTES

1. Organizar o *closet* é fundamental. Isso não apenas o ajudará a sentir-se mais no controle, como é muito mais sensato para o seu orçamento, porque, quando for às compras, você saberá exatamente do que está precisando (e nessas ocasiões é preciso manter-se fiel à listinha de compras).

2. Você não precisa ter um monte de coisas para ter um grande guarda-roupa — um grande estilo.

3. Descubra o que funciona para você e monte o seu *look* em cima disso; depois, pratique um pouco de comedimento. Afinal de contas, Coco Chanel não disse que, antes de sair de casa, deve-se tirar um acessório?

4. Pense em ir às compras como um presente, não como um hábito, e tenha objetividade nessas incursões, para não comprar à toa um suéter que nunca vai usar.

5. Peça ajuda: se você está buscando renovar o seu guarda-roupa, encontre uma vendedora cujo estilo você admire ou que tenha um físico semelhante ao seu para ajudá-la a montar *looks* completos. Assim você não corre o risco de comprar uma porção de peças aleatoriamente. E por mais chato que seja, experimente cada peça antes de decidir-se pela compra!

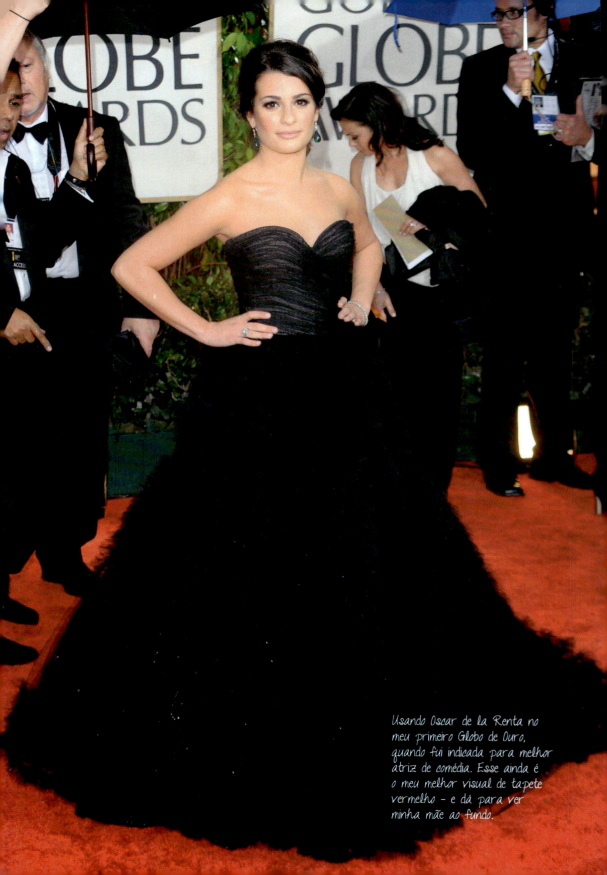

Usando Oscar de la Renta no meu primeiro Globo de Ouro, quando fui indicada para melhor atriz de comédia. Esse ainda é o meu melhor visual de tapete vermelho - e dá para ver minha mãe ao fundo.

CAP. 7

MODA NO "TAPETE VERMELHO"

"Cheguei em Hollywood sem ter o nariz consertado, os dentes corrigidos ou o meu nome mudado. Isso é muito gratificante para mim."

– BARBRA STREISAND

Assim como em um casamento ou em uma formatura, você espera que, um dia, possa olhar para as fotografias de uma noite importante sem desejar que um buraco se abra no chão para você se esconder de vergonha. Espera poder olhar para trás e desejar reviver esse momento de novo e de novo. Em geral, ele se resume ao vestido, e se ele for incrível, atemporal e se tem o corte certo para o seu corpo. Se há uma coisa que a minha estilista, Estée Stanley, foi incutindo em mim ao longo dos anos é a noção de que não se trata realmente de caber em um grande vestido: trata-se de um vestido funcionar para você. Afinal, qual o sentido de você usar um vestido lindo se tiver que mudar a si mesma para que ele fique legal em você? Não escolha algo que, para ser usado, você precise per-

der alguns quilos – ou (impossível) crescer alguns centímetros.

Quando eu era pequena, minha mãe e eu colocávamos vestidos de festa, montávamos uma tábua de queijos, nos servíamos taças de cidra não alcoólica e assistíamos às cerimônias de premiação. Quando as pessoas ganhavam, eu fazia discursos em nome delas, segurando estátuas imaginárias gigantes. Algumas meninas brincam de casinha, outras brincam de comidinha com seus fornos Easy-Bake de brinquedo, mas eu brincava de chegadas ao tapete vermelho do Oscar. Era pura fantasia – nunca pensei que um dia eu realmente participaria de algo assim na vida real. Avancemos vinte anos e lá estava eu, na verdade, sentada ao lado de minha mãe no Globo de Ouro, vestindo Oscar de la Renta e sendo indicada entre os melhores do *showbiz*.

Desde o primeiro dia, Estée sempre me deixou escolher o vestido com o qual eu me sentisse melhor. De vez em quando, incentiva-me a assumir um risco ou a experimentar um estilista que eu nunca tinha vestido antes. Desde que o vestido faça eu me sentir bonita, topo praticamente qualquer parada. Às vezes, acho que Estée me testa para ver se pode adivinhar o meu gosto. No meu primeiro Globo de Ouro, Ryan Murphy não queria que vestíssemos preto; desejava que nós tivéssemos uma aparência jovem e festiva, e, assim, Estée selecionou para mim uma enorme arara de vestidos em tons pastel. Quando fui experimentar as roupas, estava indo ao banheiro, atravessando no caminho o insano *closet* de Estée, no qual me deparei com aquele maravilhoso vestido preto Oscar de la Renta pendurado em um cabide. Sei que ela o colocou no meu caminho para ver se me faria parar – e parei mesmo. O vestido era parte de sua coleção pessoal, mas eu sabia que tinha de ser ele, embora ela ficasse me lembrando que eu não queria usar preto. Não experimentei nenhuma outra peça naquele dia. Mandei uma foto para Ryan e disse-lhe que, embora soubesse da sua orientação para não usar preto, eu tinha encontrado "O" vestido. Ele me perguntou de quem era, eu respondi, e ele sentenciou: "É perfeito". Ser um Oscar de la Renta definitivamente ofuscou o fato de não ser em tom pastel! Estée acrescentou uns brincos verdes, e eu estava pronta para o tapete vermelho, com o vestido que, de certa forma, me estabeleceu como uma referência em estilo. Eu nunca tinha pensado em mim como lançadora de moda ou como quem tinha um grande senso de moda, mas aquele vestido ajudou-me a encontrar o meu estilo no mundo do tapete vermelho, onde me sinto confortável desde então. Talvez eu deva tudo àqueles "ensaios" para o tapete verme-

lho com a minha mãe, quando era pequena, mas acho que quando se tem uma equipe de primeira linha, e você se sente bem consigo mesmo, sempre irá aparentar o seu melhor.

Caso em questão: às vezes acontecem coisas que exigem uma total mudança de planos; então, você precisa ser flexível, mas também não pode deixar que isso o afete. No primeiro ano que fui ao Grammys, contava que fosse usar um lindo vestido branco. Eu o vesti e estava pronta para sair porta afora, quando percebemos que a costureira havia errado o forro e simplesmente não dava para usar o vestido daquele jeito. Seria mentira se eu dissesse que não fiquei em pânico: você se prepara com afinco antes de um grande evento, com várias provas de vestido e tal, tem uma imagem muito clara na sua cabeça de como irá se apresentar, e, ter de mudar tudo de repente, no último segundo, é muito assustador. Uma Estée inabalável correu para o seu carro para ver o que mais poderia ter e voltou com um vestido Romona Keveza, azul-marinho, de um ombro só e saiote curto de plumas. Eu o vesti, serviu em mim, e lá fui eu. As pessoas adoraram o vestido, que ainda me rendeu muita publicidade, o que serve para mostrar que, se você estiver confortável consigo mesmo e seguro do que faz, pode fazer qualquer coisa funcionar. Isso foi uma grande lição para mim.

O fato de o vestido ser curto provavelmente também ajudou, pois é a minha preferência: gosto de mostrar as pernas, e por isso sempre me sinto ultraconfiante quando estou exibindo essa parte do corpo. É muito importante saber o que fica bem para o seu tipo físico e ser realista sobre o seu corpo – eu, por exemplo, nunca, jamais, serei alta. Nunca vou a provas de roupas planejando

Fotos da prova de vestidos que Estee e eu tiramos antes de eles irem para o tapete vermelho.

MODA NO "TAPETE VERMELHO"

perder alguns quilos para melhorar o caimento de alguma peça, assim como nunca experimento vestidos com o cabelo e maquiagem feitos. Se você experimentar um vestido importante sem qualquer "ajuda" extra, e mesmo assim gostar de sua aparência com ele, então pode ter certeza de que, no grande dia, quando estiver também penteada e maquiada, o efeito total será melhor ainda.

Esses momentos do "efeito total" são incrivelmente divertidos e ainda são especiais para mim. Quando estou me arrumando, minha mente viaja de volta àquelas noites com minha mãe, quando eu brincava de vestir roupas de festa: é tudo tão mágico, que mal consigo acreditar que é a minha vida real. Para tornar seus momentos relevantes da vida real verdadeiramente extraordinários — seja uma apresentação de balé da escola, seja o seu casamento ou uma festa de gala —, Estée concordou em compartilhar todas as suas dicas de tapete vermelho para que você possa se apresentar da melhor forma, encontrar a modelagem certa para o seu tipo físico e destacar qualquer vestido com os acessórios adequados. Mas, primeiro, gostaria de contar as histórias por trás de alguns dos nossos vestidos favoritos.

MEUS CINCO MOMENTOS "TAPETE VERMELHO" FAVORITOS

1. O primeiro ano que fui indicada para um Emmy, eu passava por uma fase Oscar de la Renta. Foi uma daquelas noites em que tudo funcionou: o vestido azul, o cabelo, a maquiagem, as joias. Eu me senti muito bonita e ganhei a capa da *Women's Wear Daily*, que é destaque no mundo da moda.

2. Como mencionei, senti-me uma princesa no vestido preto Oscar de la Renta que peguei emprestado de Estée para usar no meu primeiro Globo de Ouro. Eu não podia acreditar que pudesse usar algo tão bonito e não ser considerada exagerada. Em vez disso, o vestido permitiu que eu me encaixasse perfeitamente naquele meio, mesmo eu vindo de um mundo totalmente diferente (Broadway), e foi fundamental para que eu não me sentisse um peixe fora d'água. Parece mentira, mas ele foi realmente um dos vestidos mais confortáveis que já usei. Você sempre se lembra quando um vestido é confortável.

3. No Chrysalis Butterfly Ball, em 2012, eu fui com Cory e usei um vestido Pucci. Lembro-me de estar bastante animada para que ele me visse com esse vestido, porque eu o achei lindo, com um decotão nas costas e uma estampa incrível. Mark me deu um novo corte de cabelo,

MODA NO "TAPETE VERMELHO"

com franja, Melanie me colocou um batom rosa bem alegre, e foi uma noite inesquecível, em que tudo deu certo.

4. No Globo de Ouro, em 2012, usei um longo prateado e com transparências, da grife Marchesa, o que foi um pouco arriscado, pois era muito revelador. Mas assim que cheguei, encontrei Ryan, e ele olhou para mim e disse: "Amei". Ryan não é apenas o meu herói no trabalho; eu o considero uma autoridade em bom gosto – ele tem um profundo conhecimento de moda, e por isso sempre aprecio quando ele gosta do que estou vestindo. Esse vestido foi um *home run* para mim, e outro exemplo de quando vestido, joias, cabelo e maquiagem trabalham juntos para um incrível resultado final.

5. Amei o vestido que usei para o SAG Awards, em 2012: era um Versace e tinha uma enorme fenda que mostrava as pernas, o que é raro encontrar. Fizemos cabelo e maquiagem muito simples e, realmente, focamos no vestido, que fez eu me sentir muito *sexy*.

MODA NO "TAPETE VERMELHO" 127

O VESTIDO QUE ME DEIXOU DOENTE
(UMA DAS ESCOLHAS DA ESTÉE)

Para o Choice Awards 2011, eu usei um vestido Marchesa que era simplesmente um arraso: todo branco e coberto por franjas de contas, no estilo melindrosa. E também amei o cabelo e a maquiagem, porque a Melanie fez um lábio rosa brilhante fabuloso. Naquela noite, levei o meu primo como acompanhante e ganhei um prêmio – eu estava me sentindo um pouco doente, mas atribui isso ao nervosismo pela noite. Depois, fomos todos a um grande jantar, e eu tive de me desculpar e sair mais cedo, porque, de fato, não me sentia bem. Voltei para casa com o meu primo, troquei de roupa, e imediatamente me senti melhor. Foi então que meu primo pegou o vestido e, admirado com o peso, resolveu pesá-lo, constatando que ele tinha quase nove quilos! Eu estivera literalmente sendo puxada para o chão pelo meu vestido durante a noite toda!

Conforto

Neste capítulo, falamos muito a respeito de como parecer maravilhosa em um evento importante, mas é igualmente importante que você se sinta confortável, porque, quando está confortável, você fica relaxada, o que é um fator-chave para parecer bem. Se você colocar um vestido e se sentir desconfortável quando ainda está se arrumando, imagine como estará se sentindo no final da longa festa pós-evento... Você tem de ser capaz de respirar, e tem de confiar que seu vestido não vai cair nem vai descosturar na parte de trás. E precisa ter condições de caminhar sem mancar! Toda mulher gosta de um incrível par de sapatos, mas se eles não fornecerem uma sustentação bem distribuída, escolha um par confortável em vez do incrível. Como, em geral, vestidos de festa são longos, ninguém nunca vai ver os seus saltos; então, não faz sentido destruir os seus pés. É muito mais elegante ser capaz de locomover-se com facilidade em um evento.

ONDE EU ESTAVA COM A CABEÇA?

No início de *Glee*, fui à Eco-Casino Party Fox e escolhi eu mesma o vestido: parecia um tutu *rock-n'-roll*! Usei um batom bem vermelho e apliques negros no cabelo, à la Morticia Addams, para combinar. Naquele momento, eu achava, sinceramente, que a minha aparência era muito *sexy*, mas agora, quando olho para trás, eu me encolho de vergonha: cabelo demais, maquiagem demais e um vestido totalmente doido. Este foi um exemplo perfeito de que, muitas vezes, o mais sábio é concentrar-se em apenas uma coisa.

OS HOLOFOTES

1. Nunca escolha um vestido que, para usá-lo, você precise mudar algo em si mesma; encontre um que realmente funcione para você como você é.

2. Ao experimentar um vestido, lembre-se: se você não estiver com o cabelo feito nem maquiada será capaz de ter uma percepção mais clara do vestido em si.

3. Estar confortável fará você parecer ainda mais bonita. É óbvio que todas queremos parecer esplendorosas e atrair olhares em um evento de gala, mas se o traje escolhido não lhe permitir deslocar-se com facilidade e naturalidade, não vale a pena.

4. Sempre escolha algo que seja atemporal, em vez de moderno; assim, uma década depois, você ainda será capaz de amar o seu visual.

5. Tente não se deixar influenciar quando amigos disserem que algo está ótimo em você, mas você não estiver sentindo isso – seu próprio julgamento é o que verdadeiramente importa.

DEZ DICAS DE "TAPETE VERMELHO" DE ESTÉE STANLEY PARA EVENTOS DA VIDA REAL

1. ESCOLHA ALGO ATEMPORAL, E NÃO MODERNO. É melhor investir o seu dinheiro em um vestido de excelente qualidade, que você poderá usar outras vezes, em vez de comprar um que ficará instantaneamente datado.

2. SE O SEU ORÇAMENTO FOR LIMITADO, VINTAGE PODE SER UMA ÓTIMA OPÇÃO. Uma vez que antigamente os trajes formais eram usados com muita frequência, não é difícil você encontrar um vestido tremendamente marcante sem ter de gastar uma fortuna. Além disso, você pode ter certeza de que ninguém estará usando o mesmo look que o seu!

3. Poucas peças prontas vestem perfeitamente bem. **CONTRATAR UMA COSTUREIRA** para fazer ajustes que deem à roupa um caimento de alta-costura não é barato, mas pode fazer um vestido da categoria de suficientemente bom tornar-se grandioso.

4. Você pode ter um corpo perfeito e, ainda assim, beneficiar-se de uma **CINTA MODELADORA**: elas suavizam linhas, mantêm a barriga para dentro (mesmo após uma farta refeição), e são uma camada extra de tecido entre a pele e o *flash* da câmera.

5. DÊ UMA GERAL EM SI MESMA antes de sair de casa verifique se há marcas de desodorante. Em geral, é possível removê-las esfregando o tecido contra ele mesmo, mas o melhor mesmo é usar desodorante transparente.

6. NÃO SE ESQUEÇA DO SEU CORPO quando aplicar a maquiagem. Se você não quiser uma linha demarcando a cor do seu rosto e a do restante de você, gaste um tempinho aplicando uma loção e um pouco de *blush* bronzeador ou um autobronzeador cintilante.

7. SE ESTIVER USANDO UM TECIDO UM POUCO TRANSPARENTE, tire algumas fotos de si mesma com *flash* para certificar-se de que, acidentalmente, as fotos não mostrem qualquer coisa que não deseje mostrar.

8. MOVIMENTE-SE UM POUCO COM O SEU VESTIDO antes de sair porta afora – certifique-se de que a costura traseira não se romperá assim que você sentar e de que não está mostrando acidentalmente a sua cinta modeladora nem que a sua alça escorregará quando você se movimentar.

9. CORTE AS ALÇAS DE FITA PARA CABIDES para que não acabem aparecendo debaixo do braço. Elas podem arruinar o visual de um vestido perfeito.

10. LEVE UM PEQUENO KIT DE EMERGÊNCIA NA BOLSA. Alfinetes de segurança, agulha e linha e fita dupla face são muito úteis se, eventualmente, você tiver de consertar seu vestido no banheiro.

*Dê uma geral em si mesma.

* Ouse no cabelo e nos lábios (veja a página 162 para aprender como).

DICAS DA ESTÉE PARA DAR UM UP NA SUA FORMA FÍSICA

A maioria de nós não está em forma como as supermodelos; por isso, é importante atrair os holofotes para a parte do seu corpo que você mais ama. Se for a sua cintura, opte por uma saia mais cheia e um corpete justo até o meio, para criar um efeito ampulheta (um cinto pode amplificar ainda mais isso). Se você gosta de suas pernas, escolha um vestido chique na altura dos joelhos; se seus braços são bonitos, vá sem mangas.

Outro fator que pode melhorar sobremaneira o caimento de um vestido é um tecido de alta qualidade. Além disso, peças bem cortadas são sempre mais lisonjeiras e podem ajudar um bocado a disfarçar qualquer parte do seu corpo que você não goste. E por falar em roupas bem cortadas, quase tudo precisa ser ajustado em busca do melhor visual. Você pode ter uma noção de como uma alteração pode mudar a forma de uma roupa movendo a bainha do vestido para cima e para baixo, até encontrar o comprimento mais favorável (algumas mulheres amam seus joelhos, enquanto outras não). Você também pode subir ou baixar a cintura, até encontrar o ponto ideal.

DICAS DA ESTÉE PARA TORNAR ESPECIAL ALGO SIMPLES

1. O vestido é apenas uma parte da equação. **NÃO TENHA MEDO DE ESCOLHER ALGO SIMPLES PARA VESTIR E OPTAR POR UM PENTEADO ELABORADO E UMA BOCA MARCADA.**

2. Você pode transformar drasticamente um vestido básico **TROCANDO OS ACESSÓRIOS.** Um cinto largo, sapatos brilhantes ou brincos chamativos podem dar vida nova a uma roupa, renovando-a vezes sem conta.

3. Quando se trata de acessórios, **NÃO SE PRENDA MUITO À COMBINAÇÃO DE PEÇAS.** O cinto não precisa combinar com os sapatos ou com o colar. E escolha dar destaque a apenas um ponto, deixando os outros mais discretos – ou imperceptíveis. Se você for usar um cinto de pedraria, escolha um par de sapatos *nude* ou preto; se optar por brincos grandes, não se sinta compelida a usar um colar grande também.

4. **INCREMENTE O VISUAL DE UMA ROUPA SIMPLES** com um cardigã bordado com miçangas, por exemplo; **SUAVIZE O IMPACTO VISUAL** de uma roupa mais extravagante com uma jaqueta *bomber* ou um *blazer* de couro.

CAP. 8

O GLAMOUR DE HOLLYWOOD

"Olá, boneca!"

– FANNY BRICE, EM *FUNNY GIRL – UMA GAROTA GENIAL*

Preparar o rosto e o cabelo para um grande evento é dar asas à imaginação. Não há nada como o poder do cabelo e da maquiagem para mudar completamente um visual, transformando-a em um personagem: a menina da praia, a mulher sofisticada, a estrela de Hollywood… Os artistas do cabelo e da maquiagem podem apagar coisas, como privação do sono, redemoinhos rebeldes, manchas, cabelos danificados, olhos cansados e até mesmo disfarçar feições assimétricas – apesar de que, se eles se concentrarem demais no visual "perfeito", provavelmente já terão ido longe demais. Sentir-se segura em relação a cabelo, maquiagem e vestido é fundamental quando você está indo a um grande evento, seja o seu baile de formatura, seja o seu casamento ou a pré-estreia de um filme, mas é tão essencial quanto você ainda se parecer com

você mesma, em vez de parecer alguém totalmente diferente. O meu cabeleireiro, Mark Townsend, e a minha maquiadora, Melanie Inglessis, sempre ressaltam as minhas características mais singulares, em vez de amenizá-las.

Quando sentadas na cadeira do salão de beleza ou consultando um maquiador em uma loja de cosméticos no *shopping*, estamos em um momento bastante vulnerável: eis ali alguém que está avaliando o nosso rosto e cabelo sob todos os ângulos, olhando-nos de cima a baixo. Certifique-se de escolher pessoas que enalteçam todas as coisas maravilhosas que marcam distintivamente o seu *look* em vez de gente que sai procurando defeitos para serem corrigidos – e você também precisa sentir que essas pessoas não estão tentando mudar você. Se você tem cabelo crespo, por exemplo, não precisa de um corte de cabelo apropriado para quem tem cabelo liso. Você precisa deixar a cadeira do salão de beleza sentindo-se plenamente satisfeita, como se houvessem avaliado o seu cabelo e o seu estilo de vida e lhe dado um corte e um penteado que realmente ficam bem em você. E embora nem todas consultemos um maquiador rotineiramente, ainda assim é útil buscar um profissional no setor de cosméticos de uma loja de departamentos local, para obter ajuda. Você não precisa de alguém que esteja querendo vender um milhão de coisas de que você não precisa. Você precisa, isso sim, é de alguém que possa ensiná-la a ressaltar os seus olhos ou lábios com alguns truques e produtos apropriados. Todo o resto você pode muito bem encontrar em uma farmácia.

Quando estiver buscando profissionais, a chave é pedir recomendações para amigas que se destaquem por seu estilo. Então, em vez de ligar e agendar um corte de cabelo, reserve primeiro um horário com esse potencial cabeleireiro apenas para uma escova, por exemplo. Assim você poderá avaliar se houve ou não uma sintonia entre vocês e também poderá sondar o que o profissional faria com o seu cabelo: se a sugestão dele lhe parecer muito trabalhosa (por exemplo, se você tiver apenas cinco minutos para se aprontar de manhã e ele pensar em fazer um corte que requeira o uso de secador de cabelos e *babyliss*) ou se ele quiser modificar o seu *look* de uma maneira drástica, que não a deixe confortável (mudar de longo para curto etc.), então você deve continuar a sua busca pelo profissional ideal.

Eu encontrei o meu time de profissionais dessa maneira: conheci Melanie no meu primeiro evento do *Glee*, e nunca mais deixamos de trabalhar juntas. Apaixonei-me imediatamente, porque ela deixou de lado os seus pincéis e foi correndo arranjar uma cinta modeladora Spanx de que eu estava precisando. Desde então, ela tem cuidado de mim. Sinto-me muito confortável com ela, que é realmente como uma segunda mãe para mim. Além de Melanie me deixar com um aspecto maravilhoso em todos os meus grandes momentos, passar um tempo com ela me traz o humor adequado para pisar no tapete vermelho. Eu confio que ela conhece o meu rosto e sempre me deixará com uma aparência incrível, realçando meus traços étnicos no processo. Inclusive, às vezes, ela até se recusa a me dar o que eu alego necessitar, como "mais lábios!" ou "mais cílios!", porque sabe que não vai ficar bom. Eu nunca levantei da cadeira dela parecendo outra coisa que não uma versão melhorada de mim mesma. Parte disso se deve ao fato de ela simplesmente permitir que eu fique na casa dos vinte anos e, também, por usar o mínimo de maquiagem necessário: se usar demais, você pode envelhecer muito rapidamente.

Encontrei Mark logo depois de Melanie. Ele é conhecido por ser um dos melhores cabeleireiros da cidade e cuida de forma primorosa do cabelo de algumas das mais belas garotas de Hollywood. Ele queria trabalhar comigo e por isso ligou para a minha assessora de imprensa, que lhe disse: "Tudo bem, mas você tem de entender que a Lea é muito fiel e quer uma equipe que seja essencialmente uma família", e ele respondeu: "Combinado". Ele nunca mais saiu do meu lado. Sinto-me afortunada por Mark estar comprometido comigo, apesar do pouco tempo disponível que tem. Você precisa sentir que os profissionais da sua equipe se importam com você a ponto de sempre terem tempo para atendê-la – que se precisar de uma aparada rápida na franja,

Mark, Melanie e eu caprichando no glamour na sessão de fotos.

seu cabeleireiro jamais se importará se você aparecer de repente no salão.

Mark, Melanie e eu nos divertimos muito juntos: rimos, tocamos música, distribuímos fotografias inspiradoras. É tudo tão divertido que, quando algo teoricamente estressante ocorre – por exemplo, alguém ficar doente e só termos quinze minutos para nos aprontar, ou não gostarmos do *look* e termos de cancelar tudo e começar de novo quando restam apenas alguns minutos –, isso só faz aumentar ainda mais a diversão. Nós nos conhecemos tão bem que sempre conseguimos lidar de forma positiva com esses imprevistos. Eu tenho muita sorte de tê-los em minha vida.

Neste capítulo, Mark e Melanie revelam os passos para realizar cinco dos nossos *looks* favoritos – selecionamos estes, em particular, porque são fáceis o bastante para você reproduzi-los à perfeição em sua própria casa, mas, ainda assim, são muito divertidos, originais e totalmente modernos. E, como você poderá ver, há um *look* para cada ocasião, desde um *brunch* com os amigos à mais importante balada noturna da cidade.

O GLAMOUR DE HOLLYWOOD 137

MAQUIAGEM PARA DURAR A NOITE TODA

É um grande luxo poder viajar com uma equipe de cabelo e maquiagem para eventos "tapete vermelho" – quando Mark e Melanie não podem me acompanhar e me preparam com antecedência, eles fazem o possível para garantir que o meu cabelo permaneça estável (ou pareça ainda melhor, pois torna-se ligeiramente bagunçado) e que a minha maquiagem não escorra pelo rosto. Aqui estão algumas dicas de Melanie para fazer a maquiagem durar.

1. "Se você tem pele oleosa, evite cosméticos cremosos. Em vez disso, utilize um *primer* para o rosto e também para os olhos, e, em seguida, escolha produtos de base com acabamento matte e em pó. Em última análise, você precisa criar uma tela na qual a maquiagem possa aderir. Há também géis matificantes no mercado, para serem aplicados antes da maquiagem. Eles penetram nos poros e são incolores, o que lhe permite evitar a acumulação demasiada do produto."

2. "Se você tem pele seca, usar muito pó pode criar um efeito 'cobertura de bolo'. Escolha uma base líquida e produtos cremosos, que podem ser fixados com um pouco de pó compacto."

3. "Se você gosta de boca bem marcada, aplique um corretivo leve sobre os lábios e, em seguida, aplique pó ligeiramente para fixá-lo. Depois, desenhe o contorno desejado com um lápis e preencha toda a forma. Aplique o batom em seguida, e *gloss*, se quiser um acabamento brilhante. Quando aplicar o *gloss*, mantenha-o no centro dos lábios, para que ele não escorra."

4. "É fundamental assegurar que a zona T nunca fique brilhante. O ideal é que todo o rosto pareça úmido e fresco, exceto a zona T. Você pode aplicar pó nessa área de vez em quando (embora o pó possa deixar um aspecto desagradável após a aplicação de muitas camadas), ou pode usar papéis tipo mata-borrão. Basicamente, estes são papéis de arroz, que absorvem a oleosidade. Então, absorva a oleosidade e, em seguida, aplique o pó."

MAQUIAGEM PARA FOTOS

Esteja você enfrentando uma batalhão de fotógrafos no tapete vermelho ou o iPhone de um amigo em um jantar, o *flash* realmente pode aumentar o brilho em seu rosto. Se conseguir grandes fotos de um evento for importante (por exemplo, em um baile de formatura ou em um casamento), então, provavelmente, você precise de mais maquiagem do que pensa – se for possível, converse com o fotógrafo sobre a iluminação que ele estiver usando, uma vez que diferentes artistas gostam de coisas diferentes, e as escolhas desses profissionais irão transformar sua maquiagem drasticamente. Independentemente do estilo de foto, certifique-se de que a sua zona T não está oleosa, de que o seu cabelo não está engordurado, e de que todas as imperfeições da pele estão muito bem cobertas. Pouca luz, luz de abajur e luz de velas são todas iluminações muito lisonjeiras, ao passo que a luz do sol deixará tudo visível, inclusive o excesso de maquiagem. Se estiver preparando o rosto para o dia, certifique-se de que a sua base esteja muito bem diluída – e use o mínimo possível.

OS SEGREDOS DE BELEZA DE MELANIE

1. "NÃO DURMA COM MAQUIAGEM. Pode ser uma chatice fazer todo o ritual de limpeza da pele antes de dormir; então, se isso não funciona com você, tente lenços umedecidos ou lave o rosto logo depois de chegar em casa do trabalho ou da aula, enquanto ainda tem energia."

2. "FAÇA ESFOLIAÇÃO ALGUMAS VEZES POR SEMANA. Se a sua pele é muito sensível, você sempre pode misturar seu esfoliante com uma loção adstringente suave, para torná-lo menos intenso (ou escolha um esfoliante para pele sensível). A escovinha Clarisonic é ótima também para uso diário."

3. "BEBA MUITA ÁGUA. Pele boa começa por dentro."

4. "Para assegurar uma aparência sempre luminosa, UTILIZE UMA BASE LÍQUIDA ILUMINADORA, que eu gosto de aplicar com uma esponjinha suave úmida. Não use pó, e se a sua pele for oleosa, use um gel matificante, em vez de pó."

5. "MANTENHA AS SOBRANCELHAS BEM-FEITAS: elas são como um cabide para o seu rosto, já que suas feições dependuram-se abaixo delas. As sobrancelhas podem realmente mudar a sua aparência e dar-lhe um *face-lift* muito sutil. Não tire demais, apenas as mantenha definidas e penteadas."

6. "Em 99% dos meus clientes, antes que saiam porta afora, EU APLICO UM LEVE TOQUE DE BLUSH PÊSSEGO – seja em creme, seja em pó – bem no topo das maçãs do rosto. Sorria e aplique o *blush* pêssego muito suavemente. Ele proporciona um brilho instantâneo e um ar saudável."

7. "Se você tem lábios finos e quer que pareçam um pouco mais carnudos, FAÇA BIQUINHO E APLIQUE UMA COR MAIS CLARA NO MEIO."

8. "Se você quer experimentar cílios postiços, primeiro descubra qual o efeito pretendido – E USE CÍLIOS INDIVIDUAIS PARA UMA APARÊNCIA MAIS NATURAL. Se tiver olhos pequenos e quiser abri-los, coloque os cílios mais longos no meio; se você quer alongar seus olhos, coloque os cílios mais longos nas extremidades."

9. "TROQUE O RÍMEL PRETO PELO MARROM na hora de fazer seus cílios inferiores – isso ajuda a ampliar os olhos."

10. "Para iluminar os olhos, USE UM LÁPIS AVELUDADO *OFF-WHITE* na linha d'água, apenas na parte inferior – funciona para todos os tons de pele."

11. "UM ILUMINADOR REALMENTE CONSEGUE ILUMINAR A ÁREA DOS OLHOS. Coloque um pouco no canto interno do olho e um pouco bem debaixo do arco da sobrancelha. Ele pode ser em creme ou em pó."

Antes que eu saia para um tapete vermelho ou um grande evento, Mark e Melanie sempre tiram uma foto minha – usando *flash* – para que possamos avaliar que tal está o *look*. Aconselho você a fazer o mesmo. Isso lhe permitirá ajustar o seu *look* e não ter arrependimentos.

PREPARANDO O ROSTO

Pode ser tentador correr direto para a diversão, mas preparar o rosto corretamente para a maquiagem é mais importante do que tudo o que vem depois. Você precisa de uma perfeita tela em branco com a qual trabalhar, e quer que sua pele pareça o mais bonita e radiante possível. Veja como Melanie prepara os rostos para começar a trabalhar.

1. HIDRATANTE. "Busque com calma o hidratante certo para o seu tipo de pele, que deve ser rico o suficiente para trabalhar, mas nunca pegajoso, gorduroso ou muito espesso."

2. PRIMER. "Se você tem pele problemática ou oleosa, pode querer usar um *primer* antes de aplicar a base: isso suavizará a pele e permitirá que a base espalhe mais facilmente."

3. BASE. "Aplique a base do centro do rosto para fora; desse modo, quando chegar ao pescoço, restará muito pouco produto e ele irá se fundir perfeitamente. Você pode usar pincel, esponja ou os próprios dedos para espalhar a base – use o método que a faça sentir-se mais confortável e que a ajude a alcançar um acabamento impecável, uniforme."

4. CORRETIVO. "Para disfarçar manchas, pegue um pincel pequeno e aplique o corretivo com batidinhas sobre a área necessária. O corretivo deve ser perfeitamente adequado ao seu tom de pele. Para regiões sob os olhos, use um pincel chato ou o dedo anelar (o calor do dedo ajuda a espalhar o corretivo). Imediatamente abaixo (logo acima das maçãs do rosto), costumo usar um iluminador, que é aplicado de modo similar. Usando o dedo anelar, dou batidinhas e espalho, em direção ao canto externo e para o alto."

5. ESCOVA DE SOBRANCELHA. "Uma sobrancelha bem definida é fundamental, por isso, mantenha as suas marcadas e livres de pelos indesejáveis (não tire demais!). Usando uma escova de sobrancelha, penteie-as delicadamente para cima e lateralmente."

6. CONTORNO. "Usando uma base líquida alguns tons mais escuro que a sua base normal, passe-a sob as maçãs do rosto, sob o queixo e no topo da testa. Trabalhe lentamente e com pequenas quantidades de base. Sempre é possível adicionar mais base para chegar ao tom certo – o objetivo é definir essas áreas, mas com aparência bem natural. Se estiver usando uma base em pó, use-a também para o contorno; o mesmo vale se a base for líquida ou cremosa. Manter um acabamento consistente é fundamental."

Dicas de Melanie para encontrar a base certa

1. "A iluminação das lojas de departamento tem pouco em comum com a luz natural. Depois de aplicar o tom escolhido, ande até o lado de fora para ver como ele fica ao ar livre."

2. "Não teste tons no dorso da mão, que costuma ter a pele significativamente mais escura que a do rosto. Em vez disso, teste no queixo: a cor certa vai fundir com o seu pescoço perfeitamente."

3. "O tom de pele da maioria das pessoas encontra-se em algum lugar entre dois tons de base, particularmente com a mudança das estações do ano. Compre dois tons e misture-os, mudando a proporção conforme a quantidade de sol, de acordo com as estações."

4. "Se você tem uma pele boa, livre de imperfeições, e não precisa de muita base, compre um hidratante tonalizante; outra possibilidade é misturar a sua base com um pouco de hidratante ou iluminador para diluir a sua opacidade."

Os segredos de beleza de Mark Townsend

1. "Peço a todos os meus clientes para lavar os cabelos apenas a cada três dias. Quando você lava o cabelo todos os dias, tira dos fios seus óleos naturais, por isso o seu couro cabeludo produz mais óleo para compensar. Você pode tomar um banho e molhar a cabeça, só não use xampu: em vez disso, massageie o couro cabeludo com as mãos, para que a água faça o óleo descer pelos fios. Se tiver franja, vá em frente: separe-a do restante do cabelo e lave-a diariamente. Eventualmente, seu couro cabeludo passará a produzir menos óleo e você não o sentirá tão engordurado."

2. "Todo mundo deveria ter xampu seco em casa, seja com talco, seja com amido. Como o xampu seco absorve a oleosidade, você pode pulverizá-lo nas raízes, massageá-las, e, em seguida, escovar o cabelo, para removê-lo completamente. O produto também é incrível para adicionar textura e criar um volume duradouro. Se você só precisa de uma refrescada após um longo dia de trabalho ou de escola, baixe a cabeça, jogue o cabelo todo para baixo, aplique o *spray* e, depois, amasse o cabelo. O xampu seco dá ao seu cabelo a cobiçada textura de segundo dia pós-lavagem, mas ainda manterá o aspecto de cabelo limpo."

3. "Peço a todos os meus clientes que apliquem a minha máscara restauradora (veja receita na página 56) uma vez por semana, de preferência, durante uma hora (eles a aplicam no banho ou a aplicam e colocam uma touca de banho e vão fazer outras coisas na casa). A razão de eu usar o óleo de coco é que suas moléculas são pequenas e podem penetrar na medula do cabelo; a maioria dos outros óleos não consegue isso e fica apenas na superfície. As moléculas do óleo de coco selam a cutícula, o que é ótimo, mas não proporcionam os benefícios de toneladas de hidratação."

4. "Não há nada mais triste que um cabelo sem movimento: ele precisa ser macio e sedoso ao toque. Então, em vez de pulverizar toda a cabeça com fixador, "cole" no lugar apenas os fiozinhos teimosos, usando para isso uma escova de dentes de cerdas naturais (não pode ser de plástico) borrifada com fixador do tipo que hidrata e mantém a maleabilidade dos fios."

5. "Eu corto o cabelo das minhas clientes a cada doze semanas – não mais que isso, a menos que tenham um corte de cabelo curto ou um estilo com uma forma muito específica e que precise de manutenção (nesse caso, o corte é feito a cada seis semanas). Esticando o período entre os cortes, você pode preservar o comprimento. Prefira um belo e completo corte trimestral, em vez de aparar mais frequentemente – vale a pena o dinheiro empregado em um corte a partir de uma boa base."

6. "Um monte de secadores no mercado aquecem demais; então, quando estiver secando o cabelo, tenha o cuidado de protegê-lo. Use o secador grosseiramente, até que 90% do cabelo esteja seco (isto é, não concentre o bocal diretamente sobre os fios), e só então comece a puxá-lo com uma escova, e nunca aplique a prancha (chapinha) no cabelo molhado ou úmido."

FAZENDO ESCOVA NO CABELO

Mark prefere quando eu vou alguns dias antes de lavar o cabelo, para que ele tenha muita textura para trabalhar, mas como eu odeio pular uma lavada, então ele usa um pouco de xampu seco (veja o que foi dito anteriormente sobre xampu seco). Eis como ele prepara o meu cabelo para um penteado mais sofisticado.

1. "Eu sempre escovo a franja enquanto ela ainda está úmida, antes de fazer qualquer outra coisa – e nunca aplico produtos nela. Como as franjas são tocadas constantemente, elas ficam engorduradas com rapidez. Posiciono o secador de cabelos no alto, apontando para baixo, a fim de que o ar empurre a franja para baixo, para não criar volume na frente."

2. "Divido o cabelo em duas partes – superior e inferior – e, em seguida, prendo a metade superior no alto."

3. "Esfrego nas mãos uma quantidade de produto defrizante equivalente ao tamanho de uma moeda de 10 centavos, e depois o aplico nos cabelos úmidos, espalhando-o uniforme e completamente. É fundamental dividir o cabelo em seções (uso uma 'moeda' de defrizante para a metade superior e outra para a inferior) para que a maior parte do produto não acabe se concentrando apenas na parte superior do cabelo. Em última análise, o *frizz* começa na parte inferior, em áreas do cabelo que muitas vezes são negligenciadas."

4. "Começo secando a seção superior em primeiro lugar. Ela é, de longe, a mais cansativa para os braços, e eles irão se cansar rapidamente; então, poupe a sua força para usá-la aí, já que essa é também a parte mais visível do cabelo. Uso uma escova redonda enquanto passo o secador para alisá-lo, e depois volto a prendê-lo no alto. A seção inferior do cabelo não precisa ser muito bem trabalhada, uma vez que não é tão importante; como ela já estará quase seca, pego uma escova redonda e a aliso, enquanto termino de secá-la."

MEUS CINCO *LOOKS* FAVORITOS
ENCONTRO ROMÂNTICO
OLHOS ESFUMADOS + BOCA NUDE

1. Contorne os olhos com um lápis kajal macio. O kajal borra muito, mas o traço não precisa sair perfeito (você pode arrumá-lo depois com um cotonete mergulhado no removedor de maquiagem). Use o dedo ou um pincel pontudo para esfumar a linha — você também encontra à venda lápis kajal com uma esponja na ponta.

2. Finalize os olhos com uma sombra cremosa no tom de sua preferência (bege, bronze, cinza) e trabalhe-a na dobra da pálpebra com um pincel apropriado. Não chegue muito alto nem muito longe com a cor. Em seguida, curve os cílios e passe o rímel, oscilando ligeiramente o aplicador na base dos cílios e depois subindo — fazer isso garante que os cílios não ficarão grudados e que serão uniformes com a máscara. Nos cílios inferiores, segure o aplicador verticalmente e aplique o rímel como um limpador de para-brisa.

3. Usando *blush* cremoso, sorria e aplique o tom com batidinhas nas maçãs do rosto, para adicionar frescor. Bata e espalhe, adicionando cor gradualmente, até que pareça ideal para você.

4. Como a maquiagem dos olhos é marcada, não exagere nos lábios, optando pelo tom nude. Escolha um batom cremoso fosco de qualquer tipo e aplique-o com o dedo, com batidinhas.

ENCONTRO ROMÂNTICO
ONDAS PRAIANAS

1. Separando mechas de uns dez centímetros de largura, enrole o cabelo usando um modelador de cachos de 32 mm e, em seguida, prenda a mecha. Certifique-se de deixar uns cinco centímetros na parte inferior do cabelo sem ondulação, para dar um ar mais despojado e natural. Se você não lida bem com modeladores mas precisa ondular o cabelo, pode usar rolinhos térmicos do mesmo diâmetro. Então, deixe os cachos presos até que esfriem (o cabelo se acomoda enquanto esfria).

2. Pulverize fixador flexível ou *spray* modelador em uma escova, retire os prendedores e escove o cabelo ao soltá-lo.

3. Formas modernas pedem volume na coroa e pontas do cabelo, e não na frente; por isso, deixe as seções da frente do cabelo quietas. Pegue um pente, erga bem alto uma mecha de uns três centímetros e, em seguida, passe o pente umas quatro vezes do meio da mecha em direção à raiz. Depois de obter volume suficiente, alise o cabelo para fora com o pente.

4. Aqueça um creme modelador suave nas mãos e, em seguida, passe por todo o cabelo, separando os cachos com os dedos e criando um efeito despenteado e *sexy*.

TAPETE VERMELHO
MAQUIAGEM GLOBO DE OURO

1. Use um lápis kajal só na parte de cima – faça o traço o mais limpo possível e, no final, suba um pouco, fazendo um ligeiro "gatinho". Aplique uma pequena quantidade de sombra cintilante marrom-escuro em um pincel redondo e passe-o sobre o traço, para a frente e um pouco para trás. Aplique duas camadas de rímel até as pontas, oscilando o aplicador na base dos cílios para separá-los, enquanto o desliza para cima. Use um rímel marrom-escuro sobre os cílios inferiores (aplicando-o verticalmente, como um limpador de para-brisas), para ampliar os olhos um pouco e manter um efeito geral agradável e romântico.

2. Usando um iluminador cintilante em creme ou em pó, rosado ou dourado, destaque a região sob as sobrancelhas (bem debaixo do cume do arco) e também os cantos internos dos olhos.

3. Com um pincel próprio para isso, aplique um *blush* rosa suave nas maçãs do rosto, dando batidinhas e deslizando para fora e para o alto. Trabalhe aos poucos e com suavidade. É muito mais fácil adicionar mais colorido do que ter de retirá-lo para começar de novo.

4. Use um lápis labial para definir os lábios em um tom de rosa bonito e delicado, esfumando ligeiramente o contorno para o traço não ficar muito marcado. Aplique um *gloss* de brilho intenso para finalizar o *look*.

O GLAMOUR DE HOLLYWOOD 151

TAPETE VERMELHO
CABELO GLOBO DE OURO

1. Reparta o cabelo lateralmente e, em seguida, usando um modelador de cachos de 32 mm, enrole tudo na direção do rosto, criando ondas irregulares.

2. Faça uma seção no formato de meia-lua, da frente até a coroa, e prenda o cabelo, deixando-o separado para mais tarde. Em seguida, puxe todo o cabelo das laterais em direção ao centro da nuca. Trance essa parte do cabelo, o que é fundamental para domar muitas camadas e adicionar textura, e prenda a ponta da trança com um elástico pequeno. Torça a trança em um coque mole e enfie os primeiros grampos através do elástico, formando um X. Em volta do coque, vá colocando grampos cruzados para prendê-lo, formando X – isso fixa o coque firmemente no lugar e evita que mechas se soltem.

3. Esfregue um creme modelador suave nas mãos e corra os dedos pela seção superior

do cabelo para desconectar as mechas, e, em seguida, traga o cabelo para a frente, sobre a franja ou na testa, antes de levá-lo novamente para trás. Se algum dos cachos soltos ultrapassar a altura do queixo, prenda-o no coque.

4. Pegue um aplicador de rímel reutilizável, pulverize-o com um fixador flexível, e trabalhe em torno da linha de cabelo na testa e na nuca, limpando o visual. O aplicador de rímel é o segredo para lidar com quantidades muito pequenas de cabelo que precisem ser presas em um coque. Mechas esvoaçantes ficam bem no topo da cabeça, mas não são bem-vindas em torno das orelhas.

BRUNCH DE DOMINGO
BRONZEADO DOURADO + OLHOS COLORIDOS

1. Pegue um pincel de bronzear grande e passe nas bochechas, na testa, no nariz e, finalmente, no pescoço. Faça isso aos poucos, sempre tirando o excesso de produto do pincel antes de aplicar. É muito mais fácil acrescentar mais do que começar tudo de novo!

2. Usando uma base cremosa colorida e um pincel para sombra chato, dê um leve toque de cor às pálpebras, intensificando o colorido aos poucos. Violeta, azul, verde ou rosa são tons bem-vindos. Em seguida, pegue um pó cintilante no mesmo tom e retoque por cima. O pó cintilante vai fixar a base cremosa por baixo.

3. Escolha um rímel da mesma família de cores e passe o aplicador para frente e para trás, debaixo dos cílios superiores, para espalhar o colorido por igual. Passe o rímel nos cílios inferiores, mantendo o aplicador na vertical, como um limpador de para-brisa.

4. Aplique um *gloss* rosa-claro nos lábios, sem delineá-los.

BRUNCH DE DOMINGO
TRANÇA DESARRUMADA COM TEXTURA NATURAL

1. Coloque um pouco de loção ou de creme modelador suave nas mãos, aqueça-o e, em seguida, corra os dedos pelo cabelo, para dar um pouco de textura e brilho.

2. Puxe todo o cabelo para trás de uma das orelhas (a que você preferir), e, depois, faça uma trança clássica de três mechas. Prenda--a com um elástico.

3. No final da trança, amarre um pedaço de fita com um nó, não com um laço – um nó meio desfeito é melhor, porque um laço ficaria precioso demais em uma trança que não deve parecer perfeita.

4. Como você não quer um monte de fios soltos na frente do rosto, passe um pouco de *spray* fixador em uma escova de dentes de cerdas naturais e fixe as mechas soltas. Quando você busca disciplinar o cabelo uniformemente, e não apenas ajeitar fiozinhos soltos, "grudando-os" ao restante do cabelo, a escova de dentes é melhor que um aplicador de rímel reutilizável.

ENCONTRO DE NEGÓCIOS
DELINEADOR GATINHO + BOCA AMEIXA

1. Antes de aplicar o delineador líquido, olhando para o espelho, erga o queixo e depois estique a pálpebra para o lado para que ela fique lisa e firme. Comece o traçado o mais próximo possível da linha dos cílios, da metade da pálpebra para o final. Aplique uma leve pressão para traçar a linha, aumentando a espessura do traço à medida que se aproxima do canto externo do olho. Chegando lá, endireite a cabeça, olhe de frente para o espelho, e, com uma pincelada rápida do delineador, faça o gatinho. Em seguida, emende cuidadosamente o gatinho com o restante do traço. Quanto maior o gatinho, mais retrô é o *look*.

2. Pegue um cotonete pontudo e mergulhe-o em um pouco de demaquilante para os olhos. Enquanto se olha no espelho, aperfeiçoe e aguce o gatinho, limpando o que borrar. Se quiser, pegue uma escovinha e pó facial e arrume tudo ainda mais. Em seguida, aplique uma grande quantidade de rímel, da base dos cílios até as pontas.

3. Com um pincel adequado, aplique um *blush* discreto, neutro e fosco, nas bochechas. Espalhe-o difusamente, para que não fique marcado: o objetivo é um colorido suave, apenas um pouco mais intenso que o seu tom natural de pele.

4. Faça biquinho e aplique um batom ameixa com o dedo anelar. Não use lápis de contorno nem finalize com *gloss*.

ENCONTRO DE NEGÓCIOS
CABELO DIVIDIDO LATERALMENTE, LISO

1. Divida o cabelo em duas partes – superior e inferior – e, em seguida, prenda a metade superior no alto. Esfregue nas mãos uma quantidade de produto defrizante equivalente ao tamanho de uma moeda de 10 centavos e distribua uniformemente pela parte inferior do cabelo. Faça o mesmo com a seção superior. Se você quer que o seu penteado dure o maior tempo possível, não aplique nenhum outro produto.

2. Seque o cabelo mais ou menos; quando estiver 90% seco, use uma escova redonda para alisá-lo, enquanto termina de secar.

3. Com o auxílio de um pente, vá separando mechas de aproximadamente cinco centímetros e passe-as lentamente pela prancha alisadora. A tendência é passar mechas grandes na prancha para economizar tempo, mas isso estraga o cabelo. Quando trabalha com mechas muito grandes, você tem de passar a prancha mais vezes, o que, literalmente, frita os fios da superfície no processo e não lhe permite obter os resultados desejados nos fios do meio. Em vez disso, passe, no máximo, duas vezes a prancha em mechas de cinco centímetros. Ainda que usar mechas menores faça parecer que levará mais tempo, na verdade a velocidade é a mesma, pois não será preciso passar a prancha repetidas vezes em uma mesma mecha.

4. Aplique *spray* fixador em uma escova de dentes de cerdas naturais e ajeite os fios rebeldes.

JANTAR COM AS AMIGAS
BOCA VIVA + OLHOS SIMPLES

1. Preencha os lábios com um lápis rosa-claro.

2. Aplique um verniz labial intensamente pigmentado. Lábios brilhantes têm de ser superprecisos para que não pareçam descuidados, por isso, mergulhe um cotonete no removedor de maquiagem e arrume as bordas. Por fim, pegue um pincel pequeno e um pouco de pó facial e defina cuidadosamente a borda dos lábios.

3. Com um pincel de pó, aplique um pó iluminador em todo o rosto, para dar brilho – escolha rosa-claro ou pêssego levemente cintilante.

4. Aplique duas camadas de rímel, passando o aplicador da base dos cílios até as extremidades.

JANTAR COM AS AMIGAS
COQUE ALTO

1. Junte o cabelo no alto da cabeça (não no topo), e prenda-o em um rabo de cavalo com um elástico bem apertado. Passe *spray* fixador ou modelador flexível em uma escova raquete e alise o cabelo todo em direção ao elástico, garantindo que fique uniforme e liso.

2. Trance o rabo-de-cavalo e prenda a extremidade com um segundo elástico.

3. Posicione um polegar no topo da cabeça, na frente do rabo de cavalo, e enrole a trança por cima do polegar (em direção ao rosto); em seguida, passe a extremidade por baixo e esconda-a dentro do coque.

4. Enfie grampos cruzados através do elástico, formando um X. Circunde todo o coque com grampos cruzados, em forma de X, para fixá-lo firmemente no lugar.

OS HOLOFOTES

1. Não tente ficar parecida com ninguém – e não use cabelo e maquiagem para disfarçar a sua singularidade. Em vez disso, destaque o que faz de você, você!

2. Encontre um cabeleireiro e alguém que possa ajudar com a maquiagem nos quais você realmente confie – você precisa de alguém capaz de destacar o que a torna única. Embora seja maravilhoso ter ajuda profissional para grandes eventos, vale a pena encontrar alguém mais próximo – a sua mãe, uma boa amiga –, que a ajude a aprender a fazer a maquiagem do dia a dia.

3. Mark, Melanie e eu sempre debatemos sobre o que é necessário para ser a estrela do *show* antes que eu me sente na cadeira para fazer o cabelo e a maquiagem. Você vai fazer um penteado alegre, como uma trança legal? Então, talvez a sua maquiagem deva ser mais discreta. Ter muitas coisas disputando a atenção ao mesmo tempo pode ser esmagador, a não ser, é claro, que você esteja indo a um grande evento.

4. Se você tende a mudar o estilo do seu cabelo com frequência, certifique-se de que não o está danificando – não o escove com muita força e não se apresse para alisá-lo quando ele ainda estiver úmido. Todo fim de semana, reserve um tempo para hidratá-lo com uma máscara capilar.

5. Você não vai aproveitar sua grande noite fora se tiver de ficar constantemente preocupada em ajeitar o cabelo ou refazer a maquiagem: escolha um penteado palpável, ou seja, sem muito *spray* fixador, e que vá ficando cada vez melhor à medida que se desfaz enquanto a noite avança; certifique-se também de aplicar a maquiagem de tal forma que ela dure a noite toda.

✳ Da esquerda no alto em sentido horário: Com minhas lindas amigas Jamie, Joanna e Stephanie ✳ Eu e as meninas no meu aniversário de 25 anos ✳ Com Skyler Astin e Lauren Pritchard, minhas parceiras em O Despertar da Primavera ✳ Selfie com Stephanie em uma breve viagem a Nova York ✳ Com meu melhor amigo, Chris Colfer, no aniversário de 25 anos ✳ Na Casa Mal-Assombrada de Hollywood com Jennifer e Stephanie - uma cena de ação antes de corrermos para a saída! ✳ Com as meninas em Santa Bárbara em um fim de semana só nosso.

CAP. 9

AMIZADE

"O excitante não é que uma pessoa seja mais forte que a outra... mas que duas pessoas tenham encontrado o seu par e que uma seja tão rebelde, obstinada, apaixonada e doida quanto a outra."

— BARBRA STREISAND

Como já mencionei, criar e manter amizades próximas sempre foi difícil para mim: ao longo da minha vida, estive muito ocupada com o trabalho. Mas quando me mudei para Los Angeles, e para longe da minha família, eu sabia que iria precisar de uma rede de apoio na Costa Oeste. Sou muito grata por ter desenvolvido alguns relacionamentos incrivelmente fortes, porque, se tem uma coisa que aprendi com a experiência terrível que é perder alguém, é que ter amigos maravilhosos à sua volta é a coisa mais importante que existe. Enquanto é dever da família estar lá para apoiá-lo, ver como meus amigos estavam lá por mim quando Cory faleceu foi simplesmente incrível: eles abriram mão do que quer que estivessem fazendo em suas próprias vidas para me colocarem em primeiro plano. Ficavam comigo todas as noites; passavam na minha casa todas as manhãs; iam me ver o tempo todo, todos os dias, para se certificarem de que eu estava aguentando a barra. Você espera que jamais precisará se apoiar em seus amigos dessa forma, mas é um sentimento poderoso saber que pode contar com eles em seus momentos mais sombrios.

É difícil acreditar que há cinco anos esse círculo não existia. Quando cheguei a Los Angeles, eu não conhecia uma alma sequer na Costa Oeste, o que era ao mesmo tempo terrível e solitário. Felizmente, na minha primeira semana, conheci Stephanie, uma garota que se tornou uma das minhas melhores amigas, e ela me apresentou a uma pequena rede de pessoas incríveis. Surpreendentemente, eu a conheci em um dos dias mais aterrorizantes da minha vida. Eu estava em Los Angeles, para o teste final de

Glee, quando me envolvi em um sério acidente de carro em Pico, bem em frente ao estacionamento da Fox. O acidente foi uma espécie de experiência extracorpórea: a única coisa de que me lembro é de ter abandonado o meu carro – que sofreu perda total – no meio da rua (a equipe de segurança da Fox disse que cuidaria do veículo) e de cruzar correndo o estacionamento direto para a minha audição, onde a informação do que acabara de acontecer já havia chegado ao diretor de elenco. Eles disseram que eu poderia ir para casa, que poderia fazer a audição outro dia, mas fui veementemente contra – disse que não, que eu estava lá para fazer um teste para Rachel Berry e que faria a audição; apenas pedi dois minutos para ir ao toalete, para me recompor.

Fui ao banheiro, onde avaliei a minha aparência no espelho. Desnecessário dizer que eu estava horrível. Então, entrou uma garota da Califórnia, loira por excelência, da minha idade, que era estagiária da Fox e trabalhava na escolha de elenco. Ela me reconheceu da sala de audição e perguntou se eu precisava de alguma coisa. Disse-lhe que, se me ajudasse a ficar pronta, eu a levaria para almoçar no dia seguinte. Ela tirou os cacos de vidro que estavam no meu cabelo, limpou o sangue dos cortes no meu rosto e, o mais importante de tudo, me passou um pouco de brilho labial. Naquele dia, ganhei o trabalho da minha vida e uma nova melhor amiga. Sei que as coisas nem sempre acontecem dessa forma e que eu sou incrivelmente sortuda por, naquele momento, ter dado início ao meu círculo de amigos. Pode demorar muito tempo para conhecer pessoas fantásticas, mas é fundamental perseverar – e lembre-se de que qualidade é sempre melhor que quantidade.

Uma das razões para Stephanie e eu termos ficado tão próximas – o que, por sinal, é a mesma razão pela qual sou próxima de todas as minhas outras amigas – é que nós preferimos viver de maneira muito discreta. Todas as minhas amigas são assim. Elas não são garotas baladeiras de Los Angeles – são todas obstinadas e focadas em suas respectivas carreiras, assim como eu. Temos personalidades muito diferentes – algumas são mais francas, outras mais sensíveis –, mas a força unificadora é que somos fortes e centradas. As minhas amigas possuem ótimos empregos e todas preferem investir energia na vida pessoal em vez de viver festejando em clubes da moda. Nas noites em que nos reunimos, você normalmente nos encontrará sentadas no sofá, encomendando comida e assistindo *The Bachelor*. O que mais gosto em relação a essas noites é que elas são muito simples: de fato, não precisamos de muita coisa para nos divertir, além, é claro, da companhia umas das outras. Por mais monótono que isso possa parecer, essas são, de verdade, as melhores noites.

NOITES DE DIVERSÃO COM GRANDES AMIGAS

Embora a noite das meninas em casa sempre prometa ser genial, nem sempre acampamos em uma de nossas casas, revezando as responsabilidades com o som e com a comida. Eis algumas das outras coisas que gostamos de fazer juntas:

1. EXPERIMENTAR NOVOS RESTAURANTES. Já mencionei que amo comida? Gostaria que pudéssemos fazer como fazem as meninas de *Sex and the City* e encontrar a nossa versão para o restaurante, mas, infelizmente, não é toda semana que conseguimos nos encontrar. De qualquer forma, nos esforçamos para nos ver tanto quanto possível.

2. IR A UM *SPA*. Massagens são muito mais divertidas quando você as transforma eu um evento das meninas.

3. IR A *SHOWS* DE MÚSICA. De tempos em tempos, entramos na internet e procuramos pelos *shows* de música que acontecerão na cidade. Fazemos isso para poder comprar ingressos com bastante antecedência e anotar em nossas agendas à caneta e depois trocar informações umas com as outras. Rihanna em turnê? Verifica.

4. VIAGENS DE CARRO. Férias não envolvem necessariamente pegar um avião e voar para um destino tropical. Passamos alguns de nossos melhores momentos juntas bem perto de Los Angeles. Muitas vezes, depois de uma semana particularmente longa ou estafante, decidimos de última hora, entramos em um carro e dirigimos até Ojai ou Santa Barbara para um momento de autocuidados em grupo. Aí, nos sentamos à beira da piscina do hotel, fazemos aulas de ioga e nos divertimos cuidando de nós mesmas, juntas.

É MUITO IMPORTANTE E RECONFORTANTE TER FARÓIS NESSE MUNDO QUE ILUMINEM NOSSO CAMINHO.

Da esquerda no alto em sentido horário:
* Com a Stephanie no X Factor em 2012
* Com a Jennifer no México
* Stephanie e eu em 2012.

SEIS AMIZADES QUE NÃO ROLAM

1. Se você sente que não pode ser você mesma, algo está errado com a amizade. Você não apenas deve se sentir como você mesma quando estiver com seus amigos, como eles devem fazê-la sentir-se a melhor versão de si mesma.

2. Deve haver reciprocidade. Assim como você faria qualquer coisa para as pessoas que ama, você deve esperar o mesmo delas. Minhas amigas se levantariam no meio da noite se eu precisar delas e eu faria o mesmo sacrifício pelas pessoas que amo.

3. Seus amigos devem querer o melhor para você. Muitas das minhas amigas são atrizes, e isso pode ser considerado um fator de incômodo ou de competitividade. Às vezes, a gente até almeja os mesmos papéis, o que pode soar estranho, mas não é: nós, verdadeiramente, desejamos umas às outras a obtenção do papel, tanto quanto o desejamos a nós mesmas. Pode parecer impossível de acreditar, mas é verdade.

4. Alguém maldoso não é o amigo ideal para você. Amor e apoio são a base de qualquer amizade duradoura – pode ser impossível recuperar-se de palavras duras e cruéis. Isso não significa que não possamos falar sobre as coisas que nos incomodam nos outros, mas fazê-lo de uma forma inegavelmente maldosa, não é bom.

5. Traição nunca é legal. Minhas amigas e eu temos uma palavra secreta que dizemos umas às outras, significando que nada do que for dito pode sair daquela sala. Se você tem um amigo que está traindo o seu círculo de confiança, então ele não é um bom amigo. Temos de saber que podemos nos sentir seguros para dizer e fazer tudo o que precisarmos fazer perto daqueles a quem somos mais próximos.

6. Não deixe coisas mal resolvidas. Embora eu seja uma pessoa sincera e nunca tenha vergonha de expressar como me sinto, fico muito nervosa quando entro em uma discussão com os amigos. Odeio a sensação de que existe qualquer mal-entendido entre mim e um bom amigo; então, sempre faço um esforço para conversar, tirar a história a limpo e dar um grande abraço na pessoa em questão. Pode ser assustador, mas sempre vale a pena conversar, para que um pequeno problema não se torne maior do que de fato é.

CARTA DE AMOR PARA JONATHAN GROFF

Quando decidi escrever este livro, sabia que não poderia fazê-lo sem dedicar uma seção inteira a Jonathan Groff. Ele é meu melhor amigo em todo o mundo – na verdade, é até justo dizer que eu não compreendia o conceito de "melhor amigo" até conhecê-lo. Ele já passou por mais altos e baixos comigo do que qualquer outra pessoa. É como um irmão para mim, e sou louca por ele.

Nós nos conhecemos em nossa audição para O Despertar da Primavera. Eu tinha feito as oficinas do espetáculo, então me sentia bastante confiante de que conseguiria manter o meu papel na produção, mas precisávamos encontrar alguém para interpretar Melchior. E aí entrou Jonathan Groff, um garoto de Lancaster, Pensilvânia, usando uma calça jeans curta demais e uma camisa que, obviamente, tinha sido lavada na máquina de lavar quando deveria ter sido lavada a seco. E aquele gel, meu Deus! O cabelo dele estava duro como pedra. Olhei para ele e pensei: "Que gracinha de rapaz, mas nunca vai conseguir esse papel". Mas eu o ajudei naquele dia, porque estava claro que era uma pessoa do bem: passei-lhe algumas dicas sobre coisas que o diretor gostaria de ver e ensaiei algumas das cenas com ele, do lado de fora da sala, antes de entrarmos. Mas não posso levar muito crédito por isso, já que, debaixo daquelas roupas totalmente equivocadas e todo aquele gel de cabelo, havia uma quantidade enorme de talento! Ele não apenas conseguiu o papel, como também acabou ganhando uma indicação ao Tony e a plataforma de lançamento para uma carreira incrivelmente bem-sucedida.

Até hoje, nunca conheci alguém que me compreendesse mais do que Jonathan – com ele, posso ser inteiramente eu mesma, com todas as minhas diferentes idiossincrasias, e nunca me sentir julgada. Com Jonathan, eu já ri mais intensamente e já chorei mais intensamente do que o fiz com qualquer outra pessoa. Chegamos a ser expulsos de espetáculos da Broadway por termos acessos de riso na plateia, e eu, literalmente, apareci em sua porta de coração partido. Ele sempre me dá uma mão para que eu me recomponha, me ajuda a encarar a barra. Depois de um episódio particularmente difícil com um rapaz, Jonathan me escreveu uma carta supergentil, na qual dizia que eu iria encontrar alguém fantástico. Em uma ocasião, quando iria ficar longe, aproveitando as férias, ele

SOU ETERNAMENTE GRATA A JONATHAN: POR SEMPRE ME AJUDAR A FICAR CALMA E EQUILIBRADA.

me deu uma tarefa para concluir enquanto estivesse fora, já que sabia que eu sentiria muita a sua falta e precisava de distrações — instruiu-me a assistir a cada um dos filmes da Meryl Streep enquanto estivesse fora, e disse que me aplicaria um teste de perguntas e respostas quando voltasse.

E houve aquela vez que viajamos juntos para Washington, D.C., para que eu pudesse cantar para o presidente Obama. Melanie estava no quarto do hotel com a gente, fazendo a minha maquiagem, e eu tentando me concentrar na tarefa que estava prestes a realizar: apresentar-me para o líder do mundo livre não é pouca coisa. Mas Jonathan estava determinado a me fazer rir — o festival de luta livre e de cócegas foi tão longe, que acabei fazendo xixi nas calças. Juro que aconteceu. Tomei banho e, trinta minutos curtíssimos depois, eu estava na frente do presidente. São esses os momentos que nos mantêm sãos, e por isso sou eternamente grata a Jonathan: por sempre me ajudar a ficar calma e equilibrada. Se para isso for necessário fazer xixi nas calças, eu estou dentro.

Logo que conheci Jonathan, eu soube que ele era *gay*. Sempre fui uma pessoa expansiva e sincera, que tem pouco ou nenhum filtro. Mas, por alguma razão, embora eu normalmente não tivesse vergonha de dizer "Oh, você é *gay*" em voz alta na frente de outras pessoas (especialmente pessoas da Broadway), com Jonathan, eu segurei a língua. Não queria fazer ou dizer qualquer coisa que pudesse eventualmente magoá-lo ou constrangê-lo, principalmente porque era óbvio que ele ainda não estava pronto para sair do armário. Pela primeira vez, pude sentir as emoções de alguém. Eu podia sentir que, naquela época, ele simplesmente não estava pronto, e eu precisava dar o espaço para que ele o fizesse por conta própria.

Nós chamamos um ao outro de Rato da Cidade e Rato do Campo, porque ele cresceu em uma comunidade amish, enquanto eu cresci com travestis em Nova York. Observar Jonathan crescer ao longo dos anos tem sido uma das melhores coisas: ele construiu uma carreira incrível e tem sido um filho maravilhoso para seus pais (que se tornaram os melhores amigos dos meus pais).

O período que passei com Jonathan em *O Despertar da Primavera* foi a melhor época da minha vida. Havia uma cena de sexo muito intensa que tínhamos de fazer juntos, e você tem de se sentir realmente confortável com alguém para fazer isso. Nós íamos lá juntos, todas as noites. De vez em quando, a gente fazia a cena e chorava o tempo todo; outras vezes, dava bobeira e caíamos na risada. Mas estávamos naquilo juntos.

Também tenho de agradecer a Jonathan por *Glee*. Jonathan estava em Los Angeles, filmando um piloto para

* Jonathan e eu no Tony Awards por conta de O Despertar da Primavera. Tivemos uma noite incrível, e essa é agora uma das minhas fotos favoritas.

a TV, com Ryan Murphy, quando eu passei por um rompimento ruim (sim, o mesmo rompimento ruim que mencionei antes – ha ha ha pra você, se estiver lendo isso, e obrigada por ter me ajudado a conseguir a minha grande chance!). Eu precisava sair de Nova York e passar algum tempo com Jon; então, voei para L.A. para vê-lo. Depois que cheguei, Jonathan, Ryan e eu fomos para o Chateau Marmont, e passei a noite conversando com Ryan sobre quanto amo e admiro Barbra Streisand. Depois, Jonathan me disse que Ryan estava escrevendo um programa chamado *Glee* e queria que eu participasse dele. Minha postura quanto a isso foi meio tipo "Ah, tá bom – eu nunca vou conseguir isso", pois até então eu não tinha tido nenhuma sorte em trabalhar na televisão.

Sou bastante grata a ele, obviamente por ter me apresentado a Ryan e por me indicar para *Glee*, mas, principalmente, por ele estar lá para me apoiar como nenhuma outra pessoa o faz, e é um alívio saber que alguém como Jonathan existe.

AMIZADE 177

NOITES EM CASA: MINHAS FAVORITAS

Eu realmente gosto de cozinhar, mas de uma forma bastante simples. Quando os amigos vêm à minha casa, nem sempre fico me desdobrando na cozinha – embora meus amigos não precisem que eu impressione com malabarismos culinários, acho que essas receitas fáceis de fazer agradam muito, apesar disso. O melhor complemento para uma noite confortável em casa são os seus pratos favoritos.

Ovo escondido

Servir um café da manhã no jantar é a melhor forma de quebrar a rotina, além de ser *sempre* divertido. Esse é o meu equivalente italiano de um *croque madame*.

INGREDIENTES:

1 colher de sopa de azeite

1 fatia de pão italiano com 4 cm de espessura

Uma pitada de sal marinho

1 ovo

¼ de xícara de pimentões vermelho assados (em conserva), fatiados

1 fatia de queijo tipo manchego ou do seu queijo preferido

> Nota: caso você não queira fazer isso em uma frigideira, invista em um *grill*. É uma das melhores ferramentas em minha cozinha, porque você pode preparar sanduíches *gourmet* com jeito de profissional em menos de cinco minutos. Se for preparar o seu ovo escondido dessa forma, precisará de uma segunda fatia de pão.

MODO DE PREPARO:

1. Coloque o azeite em uma frigideira e leve ao fogo médio.

2. Pegue o pedaço de pão e, com a ajuda de uma colher, retire uma porção do meio dele, fazendo uma depressão para conter o ovo (cuidado para não "furar" o pedaço de pão).

3. Salpique o pão com o sal marinho e toste-o de ambos os lados na frigideira.

4. Quebre o ovo dentro do buraco do pão, tampe a frigideira e cozinhe por cerca de dois minutos (o ovo não deve estar completamente cozido antes de ser virado).

5. Usando uma espátula, vire o pão e o ovo, e deixe cozinhar por mais um minuto.

6. Vire-os novamente e coloque em cima deles o pimentão vermelho assado e uma fatia do seu queijo favorito (eu gosto muito do tipo manchego), e cubra a frigideira com uma tampa até que o queijo derreta, o que leva cerca de um minuto.

AMIZADE 179

Sanduíche de queijo vegano grelhado com pimenta-jalapenho

Esse sanduíche é surpreendentemente saudável! Você pode usar queijo comum, obviamente, mas eu descobri que a maioria das pessoas não sabe diferenciar um do outro!

INGREDIENTES:

2 fatias de pão integral

2 colheres de chá de margarina vegana (ou margarina comum)

2 colheres de sopa de *cream cheese* vegano (ou *cream cheese* comum)

3 fatias de queijo de arroz vegano do tipo *pepper jack* (ou queijo comum)

1 ou 2 colheres de chá de pimenta-jalapenho, sem sementes e picadas (leia a nota a seguir)

MODO DE PREPARO:

1. Leve uma frigideira ao fogo médio-alto.

2. Passe a margarina no pão.

3. Em ambos os lados do pão, passe uma fina camada de *creeam cheese*.

4. Coloque três fatias de queijo sobre o *cream cheese* e, em seguida, toste-o, virado para cima, no fogão.

5. Quando o queijo tiver derretido, acrescente a pimenta-jalapenho.

6. Mantenha as fatias juntas, sem deixar o sanduíche se desfazer, e continue tostando, virando até que o sanduíche adquira um aspecto agradável e "bronzeado".

Nota: Se você gosta de bastante pimenta, pode fatiar a pimenta-jalapenho em rodelas bem fininhas. Cuidado para não queimar a boca. Jamais toque nos olhos imediatamente após manusear uma pimenta forte. Sempre lave as mãos logo depois de tocar em uma pimenta!

AMIZADE 181

Nachos mediterrâneos

Uma das coisas mais maravilhosas por trás de um conceito como nachos é que funciona praticamente com qualquer tipo de coberturas que se queira. Eu gosto dessa versão com salgadinho de milho azul e homus. Você terá de modificar os ingredientes de acordo com a quantidade de nachos que quiser fazer (é fácil fazer o suficiente para alimentar muita gente).

INGREDIENTES:

Salgadinho de milho azul

Homus

Cebola **picada**

Pimentão vermelho, **picado**

Pimentão amarelo, **picado**

Azeitonas pretas, **picadas**

Queijo tipo *pepper jack*, **ralado**

Queijo feta, **esmigalhado**

Molho picante de pimenta vermelha

Tapatío, **a gosto** (opcional)

MODO DE PREPARO:

1. Preaqueça o forno a 200 °C.

2. Coloque os salgadinhos em uma assadeira.

3. Ponha porções de homus neles (não precisa ser certinho ou perfeito).

4. Salpique a cebola, os pimentões e as azeitonas pretas por cima (se quiser, pode refogar esses ingredientes antes, embora eu goste deles crocantes).

5. Cubra tudo com o queijo *pepper jack*.

6. Asse até que o queijo derreta, por cerca de três minutos.

7. Polvilhe o queijo feta esmigalhado por cima. Adicione algumas pitadas do molho de pimenta Tapatío, se você gosta de coisas picantes.

POR QUE COZINHAR PARA OS AMIGOS É TÃO LEGAL

Se você ainda não notou, cozinhar é muito importante para mim – é uma das melhores formas que encontrei para demonstrar o meu amor pelas pessoas. O que mais gosto de fazer é receber os amigos em casa e mostrar quanto me importo com eles preparando refeições caseiras. Embora seja sempre bom mandar uma mensagem de texto e ligar para se certificar de que todos os seus amigos estão bem, é sempre importante fazer um esforço extra – preparar um jantar para o pessoal é muito mais especial do que ir a um restaurante local. Demanda tempo e energia, mas vale muito a pena.

Eu e minhas amigas no meu aniversário de vinte e seis anos.

OS HOLOFOTES

1. Em tempos de necessidade, seus relacionamentos realmente são postos à prova. Quer se trate de algo sério, como uma perda, quer se trate de simplesmente precisar de alguém para conversar no meio da noite, é nessas horas que você vê quem está realmente lá para apoiá-lo.

2. Você não precisa ir a uma balada para ter uma noite de diversão com os amigos. Penso que tenho relacionamentos muito melhores com amigos que ficam felizes em apenas relaxar em casa.

3. Bons amigos são difíceis de encontrar; portanto, leve o tempo necessário para amadurecer essas relações. É mais importante ter alguns bons amigos do que milhares de conhecidos insignificantes. Cuide de suas amizades da mesma forma que cuidaria de qualquer coisa de importância na sua vida. E seja criterioso em relação às pessoas especiais que você admite em seu círculo.

4. Você não precisa impressionar os seus amigos, mas deve sempre sentir como se pudesse ser você mesma, sem julgamentos.

5. Sua melhor rede de amigos é a sua família. Cuide das relações com os seus parentes da mesma forma que cuidaria das relações com suas melhores amigas.

Dez filmes para assistir com as meninas

1. *Funny Girl – Uma Garota Genial* (Porque é sobre a luta de Fanny Brice entre a sua paixão pelo palco e a paixão pelo homem que ama.)
2. *(500) Dias com ela*
3. *Katy Perry: Part of Me* (Embora seja sobre a carreira musical de Katy Perry, o filme, na verdade, mostra a trajetória de seu relacionamento, o que é algo que descobri ser bastante bem retratado e pessoal. Minhas amigas e eu *adoramos* assistir a esse filme juntas. Devo tê-lo assistido umas sete vezes.)
4. *Mal Posso Esperar*
5. *A Princesa Prometida* (Óbvio. Sou obcecada…)
6. *As Patricinhas de Beverly Hills*
7. *Atração Mortal*
8. *Maria Antonieta*
9. *Um Crime entre Amigas*
10. *Um Salto para a Felicidade*

Dez guloseimas favoritas para ver filmes

1. Pipoca com sal trufado
2. Uvas
3. Goji berries cobertas de chocolate
4. Batata chips
5. Folha de alga
6. Morangos cobertos de iogurte
7. Sorvete vegano de chocolate e coco
8. Ursinhos de goma
9. Blueberries cobertos de chocolate
10. Castanhas com tempero teriyaki

AMIZADE 185

CAP. 10

MINHA VIDA NO *GLEE*

"Ter ego significa acreditar em sua própria força. E também estar aberto a opiniões de outras pessoas. É estar aberto, não fechado. Então, sim, meu ego é grande, mas também é muito pequeno em algumas áreas. Meu ego é responsável pelas coisas boas e más que faço."

— BARBRA STREISAND

Cresci nos palcos da Broadway, e, por isso, sempre me senti em casa lá — sabia que, provavelmente, sempre poderia haver um lugarzinho lá para mim. E embora isso realmente fosse bom o suficiente para mim, eu tinha muita curiosidade em relação à televisão e ao cinema, de modo que continuei participando de audições para outras coisas. Apesar dos meus melhores esforços nesse sentido ao longo dos anos, e mesmo que eu estivesse escalando a escada de notoriedade da Broadway, nunca consegui nada de fato importante em outras áreas. Isso era tão irritante quanto desanimador: diretores de elenco diziam que eu não era bonita o bastante para a televisão, que eu era étnica demais, que fugia ao perfil convencional. Uma gerente chegou a me dizer que, assim que eu começasse a menstruar, e, por conseguinte,

tivesse idade suficiente para fazer cirurgia plástica, eu deveria imediatamente dar um jeito no meu nariz. Depois de ouvir inúmeras sugestões desse tipo dos tomadores de decisão, comecei a acreditar neles. E como eu não ia fazer cirurgia plástica nenhuma nem mudar a minha aparência seja lá de que forma fosse, percebi que iria dedicar minha vida aos palcos, onde sempre fui aceita. Quando era mais nova, fiz uma curta aparição em *Parceiros da Vida* e tive pequenos papéis em novelas, mas, fora isso, o meu negócio era o teatro.

Todavia, assim como aqueles manda-chuvas estavam errados em dizer que eu jamais seria bem-sucedida fora dos palcos, tão errada quanto eles estava eu por acreditar naquilo que me diziam, pois o fato de a minha aparência não ser igual à das outras pessoas foi exatamente o que abriu a maioria das portas para mim. A indústria mudou muito desde então — há muito mais diversi-

187

dade em relação às mulheres que pegam os papéis principais –, e penso que *Glee* contribuiu para lançar essa tendência.

Como relatei páginas antes, Jonathan Groff, com quem eu fazia *O Despertar da Primavera*, apresentou-me a Ryan Murphy, que, mais tarde, declarou estar escrevendo um roteiro chamado *Glee* comigo em mente. Embora, supostamente, eu tivesse a minha participação garantida, imaginei que acabariam dando o papel a alguém como Vanessa Hudgens, que estava no centro das atenções com a fama de *High School Musical*. Eu simplesmente meti na cabeça que não era adequada para o elenco. A essa altura, algumas estrelas da Broadway haviam passado dos palcos para a TV, e uma das minhas favoritas era Sara Ramirez, vencedora do Tony, que estava em *Grey's Anatomy*. Imaginei que eu jamais seria uma protagonista como ela, mas que talvez conseguisse pegar alguns papéis menores. *Talvez*.

Depois que *O Despertar da Primavera* saiu de cartaz, parecia sensato ficar um pouco longe dos palcos. Quando se participa de algo tão grande, que é muito aclamado, você precisa deixar a poeira baixar por um tempinho. Haviam me oferecido o papel de Eponine em uma produção de *Os Miseráveis*, em Los Angeles, no Hollywood Bowl, e como eu tinha ido para lá somente uma vez (para visitar Jonathan, quando conheci Ryan), pensei que poderia ser uma boa oportunidade para fazer testes para alguns programas de TV. Afinal de contas, se talvez apenas uma vez por ano um espetáculo da Broadway, como *The Book of Mormon*, consiga tornar-se conhecido fora da comunidade teatral, e naquele ano *O Despertar da Primavera* tinha sido esse espetáculo, pensei ter conquistado credibilidade suficiente com ele para conseguir algumas reuniões com diretores de elenco, e queria tirar proveito disso. Na verdade, o máximo que eu almejava era interpretar uma vítima de acidente de carro em *Grey's Anatomy*, principalmente porque era o meu programa favorito na TV.

Enquanto fazia *Os Miseráveis*, no Hollywood Bowl, recebi um telefonema dizendo que queriam me ver para *Glee*. Lembro-me de ter lido o roteiro pela primeira vez, e, naquela última cena, quando a garotada começa a cantar "Don't Stop Believin'", eu podia ouvir a música na minha cabeça enquanto eu lia, e fiquei toda arrepiada. Eu simplesmente sabia. Sabia que o seriado faria um *sucesso estrondoso*.

Apesar de eu mesma estar tendo dificuldade em acreditar que, de fato, conseguiria o trabalho, no momento em que li o papel de Rachel Berry eu sabia que ninguém a interpretaria melhor do que eu. É como se ela tivesse vivido dentro de mim durante

toda a minha vida. Nós não somos a mesma pessoa, mas eu compreendi completamente quem ela era e qual era a sua essência. Poderia acessar tudo em relação a ela.

Quando fui à primeira audição, achei que tivesse sido um desastre total: o pianista errou a música, e então pedi para ele parar no meio da canção e voltar. Eu tinha de fazer uma cena em que Rachel dá um tapa na cara de Finn (essa cena foi cortada do piloto) – o diretor de elenco interpretou o personagem –, e, acidentalmente, dei um tapa de verdade na cara do diretor. Por dentro, eu estava enlouquecendo por estar falhando em tempo real, mas mal sabia que, naquele momento, eu estava encarnando Rachel Berry. Rachel Berry é aquela que parou o pianista no meio da canção e deu um tapa no diretor de elenco. Foram atitudes muito dela. Se você perguntar a Ryan, ou a qualquer outra pessoa que estivesse na sala de audições naquele dia, eles vão lhe dizer que isso estava claro. Na verdade, eu fui a única garota que eles testaram para o papel, tanto no estúdio de produção como na Fox, a emissora de televisão.

Pouco antes do meu segundo teste, que foi para a Fox, sofri aquele acidente de carro horroroso, ao qual já me referi. Naquele dia, cantei "Not for the Life of Me" de *Positivamente Millie* e "On My Own" de *Os Miseráveis*.

Ryan havia me dito que se achasse que eu estava me saindo bem lá dentro, iria intervir e dizer-lhes que eu era a sua primeira opção. Depois que consegui o papel, ele confessou que não apenas não interviera, como os executivos da emissora nem sabiam que ele me conhecia. Conquistei o papel por total mérito próprio. Fiquei muito orgulhosa por saber que o mereci!

Depois da audição, o diretor de elenco me mandou para a sala de espera; então, me chamaram de volta para dizer que o papel era meu, o que definitivamente é uma coisa incomum de acontecer. Eles raramente chamam alguém de volta para a sala para dar a notícia pessoalmente. Eu estava tão feliz que gritei de emoção.

Quando filmamos o piloto, encontrei-me pela primeira vez com Cory Monteith, Kevin McHale, Amber Riley e Chris Colfer. Eu já tinha trabalhado antes, na Broadway, com Jenna Ushkowitz e Matt Morrison. Matt tinha sido meu amigo por anos, e, na verdade, chegamos até a namorar na época da Broadway. Mas, estranhos ou não, éramos todos muito jovens e completamente novatos na programação *top* de TV. Cory viera do Canadá, dirigindo o seu Honda Civic até Los Angeles. Chris Colfer era de Clovis, na Califórnia, e nunca havia atuado profissionalmente na vida. Kevin McHale e Amber

Da esquerda para direita: * Kristin Chenoweth e eu recebendo nosso disco de platina por Glee * Cory em um dos corredores da Casa Branca – com um coelho, é claro – quando ele cantou para o presidente e sua família na Páscoa * Chris Colfer na Casa Branca * Ryan Murphy e eu recebendo nosso primeiro disco de platina por Glee * Cory na Casa Branca.

Riley eram duas das pessoas mais talentosas que já conheci, mas também razoavelmente novos no mundo da televisão. Apenas Jane Lynch era realmente conhecida – foi graças a ela que o seriado de televisão obteve sua credibilidade inicial.

Todos nos entendemos de cara, como se fôssemos irmãos e irmãs, e nos tornamos inseparáveis desde o início. Quando filmamos o piloto, sabíamos que se tratava de algo especial, mas o simples fato de um programa ser especial não quer dizer que ele será aprovado pela emissora nem que vá se firmar na televisão. Na época, eu estava morando em Nova York; por isso, assim que as gravações terminaram, voltei para casa. Jenna passou uma temporada lá comigo, e Chris foi visitar Nova York pela primeira vez. Tive que mostrar a ele a Times Square e o teatro de *Wicked*. (Avanço rápido de cinco anos no tempo, e lá estávamos nós, na frente desse mesmo teatro, gravando *Glee*.) Nós três estávamos tranquilos na minha casa, em Nova York, quando recebi o e-mail de Ryan dizendo que havíamos conseguido fechar para treze episódios. Imprimi essa mensagem e ainda a guardo comigo, porque foi nesse momento que a minha vida mudou completamente. E mudou rápido: filmamos o piloto em outubro de 2008, e começamos a gravar os primeiros treze episódios em janeiro de 2009, totalmente imersos em uma bolha. Ninguém sabia quem éramos e o que era *Glee*; portanto, foi um momento muito puro para todos nós. Quando o seriado finalmente foi ao ar, em setembro de 2009, as coisas mudaram do dia para a noite: o seriado era uma sensação. Indicaram-nos para prêmios (Chris ganhou um Globo de Ouro e eu fui indicada para um Emmy e

para um Globo de Ouro na categoria melhor atriz em comédia), fomos ao programa da Oprah, conhecemos o presidente e rodamos o mundo em excursões ao vivo. Houve *merchandising*, álbuns natalinos, e até um filme pornô feito em nossa homenagem. Foi incrível. Mas foi difícil, também.

De repente, estávamos nos tornando famosos: *paparazzi* começaram a ficar interessados em minhas idas e vindas, nossas fotos estampavam revistas e as pessoas começaram a tirar conclusões sobre quem eu era. Chegaram à conclusão, por exemplo, de que eu era uma diva – mas não uma diva de um modo que eu sempre quis ser (uma diva da Broadway, a melhor coisa do mundo!). A acusação de ser uma "diva de alta manutenção" era frustrante, porque eu não poderia estar mais distante desse rótulo: sou apenas uma garota que sabe quem é e o que quer, e que tem a tendência a falar o que pensa. O decepcionante é saber que há muitas pessoas nesse ramo que não são flor que se cheire, ou que são difíceis de trabalhar, mas fingem que não são assim. Eu acho que, no final das contas, prefiro ser mal compreendida do que fingir ser alguém que não sou e ser amada publicamente por ser falsa. Aquele período, sem dúvida, me tornou uma pessoa mais forte e me fez aprender depressa que não posso controlar a opinião de outras pessoas. De fato, tento não deixar que coisas desse tipo me atinjam. Agradeço à minha família e aos meus bons amigos por saberem quem eu realmente sou e tornar isso a coisa mais importante de todas.

Felizmente, éramos todos jovens muito bem-criados, provenientes de excelentes famílias, e isso foi essencial para que conseguíssemos passar ilesos por essa primeira investida violenta de interesse por parte do público e da imprensa. Sem esse tipo de apoio, poderia ter sido assustador. Também agradeço o apoio de Ryan, porque, por mais que fôssemos parte de uma máquina enorme que estava nos impulsionando para a frente, ele se preocupava com a gente. Para a noite do nossos primeiros Globos de Ouro, ele levou todas as garotas para fazer compras e nos ajudou a escolher os vestidos. E então, comprou-os para nós, para que pudéssemos ficar com eles para o resto da vida.

Desde o começo, me perguntam muito quais foram os melhores momentos. Quando olho para trás, alguns realmente se destacam: olhar para a minha mãe na plateia enquanto eu estava no palco com Oprah; estar sentada no camarote do Super Bowl com meu pai depois de cantar "God Bless America"; fazer xixi na Casa Branca e roubar papel higiênico que trazia impresso o selo da Casa Branca; estar em pé no palco cantando "Empire State of Mind" na cidade de Nova York durante a nossa segunda turnê. Há muitos outros momentos extraordinários, mas esses são os que mais me vêm à cabeça.

O elenco de *Glee* é incrível, e é impossível dizer coisas boas o suficiente sobre ele. Apesar de agora não passarmos mais tanto tempo juntos em nossos períodos de folga como fazíamos no início, quando éramos inseparáveis, nossa conexão hoje em dia é mais profunda. Eles são a minha família. Amber me manda mensagens de texto do nada, só para dizer que me ama – assim como Kevin McHale. E Chris Colfer é um dos amores da minha vida – eu nos vejo juntos daqui a quarenta anos em alguma reapresentação da Broadway, bebendo martinis e relembrando os bons e velhos tempos. Conheço Jenna desde que era criança (quando chegamos a trabalhar juntas em *O Despertar da Primavera*). E tem o Cory, que representou um papel muito grande no seriado e também na minha vida pessoal (tenho muito mais a dizer sobre ele adiante). Embora estejamos em nossa quinta temporada, e esses últimos cinco anos tenham sido preenchidos por grandes vitórias, algumas derrotas e, é claro, uma terrível tragédia, continuo amando *Glee* hoje tanto como amava no início. É um lar para mim, no qual estou rodeada por aquilo que se tornou uma família estendida – o elenco e a equipe de *Glee* me proporcionam o mesmo consolo e alegria proporcionados por meus pais.

Tento não impor limites a mim mesma, porque os limites originais que impus provaram-se completamente equivocados. E aqui estou eu hoje: tenho um papel em um seriado de televisão, estou em uma campanha da L'Oréal e estive na capa de algumas das minhas revistas de beleza favoritas. Então, aqui vai um dedo médio bastante bem dado para a senhora que disse para eu dar um jeito no meu nariz.

Da esquerda no alto em sentido horário: Vestida de Gaga para nosso episódio sobre a Lady Gaga ✷ Viagem para a Disney com minha mãe, Jonathan Groff e os meninos de Glee ✷ Cory e eu no jardim da Casa Branca ✷ O número de dança de "Total Eclipse of the Heart", um dos meus favoritos em Glee ✷ Vestida de cupcake, tirando uma foto hilária com a Amber ✷ Oprah e eu ✷ Chris posando com a Hillary na Casa Branca ✷ Chord, Amber, Kevin e eu no Globo de Ouro

PERGUNTAS DOS FÃS

QUAL FOI A COISA MAIS ENGRAÇADA QUE ACONTECEU NO *SET* DE GRAVAÇÃO?

Eu tinha de fazer uma cena em que uma Rachel muito enérgica e decidida corre para a sala e exclama: "Ouçam todos, foi isso o que aconteceu". Eu não tinha percebido, mas a minha blusa de abrira. Felizmente, eu estava usando sutiã, mas, ainda assim, ninguém falou "corta"! Fiquei totalmente envergonhada.

QUAL FOI A PRIMEIRA CENA DE *GLEE* QUE VOCÊ GRAVOU?

A primeira cena que eu gravei foi o momento em que Rachel está no banheiro feminino, olhando para si mesma no espelho, e Santana e Quinn riem dela. Eu me lembro de estar nervosa naquele momento, mas pensando que o primeiro dia tinha transcorrido bem.

QUAL FOI A MÚSICA MAIS DIFÍCIL DE CANTAR?

"I Was Here", da Beyoncé, que, no fim das contas, acabou não entrando no seriado (a música está em um dos álbuns). Foi um desafio e tanto. Também tive muita dificuldade com "Take a Bow", da Rihanna, no segundo episódio. Foi a primeira vez que tentei cantar uma canção *pop*, já que passei a minha carreira cantando *rock* clássico e musicais da Broadway. Ryan ia cortar essa música e me pôr para cantar "I don't Know How to Love Him" de *Jesus Christ Superstar*, mas fizemos "Take a Bow" dar certo, porque era perfeita para a história.

QUAL FOI A COISA MAIS DIFÍCIL QUE VOCÊ TEVE DE FAZER NO *SET* DE GRAVAÇÃO?

Em um episódio chamado "Cadeira de rodas", há uma cena em que tive de enfiar a cara em um prato de *fettuccine* Alfredo. Eu tinha de fingir que tinham esbarrado em mim e que a bandeja tinha acertado o meu rosto. Sei que, teoricamente, não é difícil, mas, de fato, foi a coisa mais repugnante do mundo.

QUAIS SÃO OS SEUS EPISÓDIOS FAVORITOS?

"Piloto"

"O término"

"Romance no ar"

"Jornada"

"Nova York"

QUAIS SÃO OS SEUS MOMENTOS PREFERIDOS?

Quando Rachel diz a Finn: "Você pode me beijar, se quiser".

Quando Rachel canta "Don't Rain on My Parade".

Quando Kurt canta "Being Alive".

Quando Kurt e Rachel estão do lado de fora da Tiffany.

O número "At the Ballet", com Sarah Jessica Parker.

QUAIS SÃO AS SUAS CANÇÕES PREDILETAS DE *GLEE*?

"Shake It Out"

"Anything Could Happen"

"Americano/Dance Again"

"Safety Dance"

"Empire State of Mind"

QUAIS FORAM OS SEUS MOMENTOS PREFERIDOS COM ESTRELAS CONVIDADAS?

Cantar "Maybe This Time", com Kristin Chenoweth.

Dançar *Chicago*, com Gwyneth Paltrow.

Qualquer coisa com Kate Hudson.

Passar por uma transformação pelas mãos de Sarah Jessica Parker.

Fingir que estava namorando Jonathan Groff.

COMO VOCÊ LIDA COM OS *PAPARAZZI*?

Os *paparazzi* existem em Nova York, mas de uma forma muito discreta; em Los Angeles, por outro lado, eles são uma parte enorme (e perigosa) da cultura. Sou muito menos perseguida por *paparazzi* do que um monte de celebridades, mas, ainda assim, acho a atenção deles incompreensível. Sou uma pessoa comum, super bem resolvida, e as minhas atividades do dia a dia não são assim tão interessantes. O fato de eles quererem me fotografar entrando e, por fim, saindo da Whole Foods é surreal para mim — e me entristece quando vêm com tudo para cima de mim, colocando em perigo outras pessoas, apenas para conseguir uma foto. Entendo perfeitamente que isso faça parte do trabalho deles, mas não acho que quase causar acidentes valha a pena. Em última análise, eu jamais deixo que os *paparazzi* me impeçam de prosseguir com a minha vida; afinal de contas, eles nunca vão me flagrar fazendo alguma coisa escandalosa!

A outra desvantagem dos *paparazzi*, e sendo uma pessoa pública, é que há dias em que você, definitivamente, não quer ser fotografada. Nesses dias, fico na minha, faço uma comidinha em casa e me mantenho longe dos olhos do público. Na minha vida real, eu não sou como Rachel Berry; para ela, provavelmente, não haveria nada de que gostasse mais além de ficar exibindo dezoito diferentes sorrisos ensaiados e poses para os *paparazzi*.

Da esquerda no alto em sentido horário: Vestida de jogadora de futebol com a Jenna, uma das minhas cenas favoritas de Glee ✹ As bailarinas de "Total Eclipse of the Heart" ✹ Chris Colder e eu no set de filmagem ✹ Gravação do episódio de Natal ✹ Heather, Jenna, Cory e eu em nossa turnê de Glee em Londres ✹ Filmagem de Glee em Nova York com o Chris na quarta temporada ✹ Todo mundo fez piada com o vestido que eu usei na Casa Branca, mas eu era a que estava mais apropriada para a situação ✹ Darren, Kevin e eu exaustos de dançar.

ENCONTRANDO TEMPO PARA CUIDAR DE SI MESMA (DORMIR ETC.)/LIDANDO COM LONGAS HORAS

Mesmo que tenha dado uma sossegada considerável em comparação com o início, *Glee* é incrivelmente exigente para se gravar: no começo, gravávamos vinte e dois episódios e, então, na sequência, saíamos em turnê. Houve momentos em que todos sentíamos como se estivéssemos prestes a sucumbir, mas acho que a maioria de nós encontrou forças para dar o melhor de si. Mas apesar de o seriado ser menos estafante do que era cinco anos atrás, continua exigindo bastante tempo e atenção e, por causa disso, não sobra muito para levar uma vida social fora dele. Depois do trabalho, costumo ir direto para casa, para obter o máximo possível de descanso e de sono, já que cuidar de mim é a minha prioridade número um. Enquanto o restante do elenco consegue, de alguma forma, ter energia para sair à noite, eu não — sou a velhinha do seriado.

↑ *Sempre que fazíamos um número de dança ridiculamente longo em Glee, a equipe de cabelo e maquiagem e eu comemorávamos o momento com uma foto de mim estirada no chão. Devo ter umas cem dessas. Essa veio da décima hora de um número particularmente complicado: o "Time Warp" do Rocky Horror Picture Show.*

UM DIA NA VIDA DE *GLEE*

Eu acho que Lou, nossa figurinista, disse tudo: "gravar um episódio de *Glee* é como saltar de um avião tendo de aprender a coreografia, as falas, as músicas, e gravar tudo antes de se espatifar no chão". Há tantos componentes diferentes necessários para costurar um episódio de modo a conferir--lhe homogeneidade, que é chocante que tudo fique pronto.

> ## DURANTE UMA SEMANA QUALQUER, NOS DIAS EM QUE VOCÊ NÃO ESTÁ GRAVANDO...
>
> Você faz um ensaio de dança com Brooke Lipton.
>
> Então, tem sessões com os extremamente brilhantes Adam e Alex Anders, para gravar as músicas.
>
> Em seguida, prova as roupas com a equipe responsável pelo guarda--roupa e define o seu figurino.
>
> Você não pode esquecer de decorar as suas falas.
>
> E aí você grava.

A nossa equipe é a que trabalha duramente em todo o grupo. Em geral, eles trabalham durante todo o dia e toda a noite. Há ocasiões em que temos de comparecer ao estúdio, prontos para trabalhar, às seis da manhã, e vamos direto até as três da manhã do dia seguinte, trabalhando durante todo esse tempo.

Às vezes, temos de fazer três números musicais em um único dia. Fiquei conhecida por cochilar no chão inúmeras vezes.

Penso que, fisicamente, o número mais difícil de realizar foi aquele gravado na piscina. E a guerra de comida foi particularmente desagradável. Teve também aquele número do "Thriller", que tivemos que fazer à noite: começamos a gravar às oito da noite e só encerramos às sete da manhã. Essa foi a primeira vez que passei a noite em claro trabalhando. É sério, a primeira vez na vida! Como você provavelmente já sabe, não sou uma garota de sair muito à noite, e nunca vi o sol nascer depois de ficar acordada a noite toda. Depois de gravar esse episódio em particular, liguei para o meu pai e o fiz conversar comigo enquanto eu voltava para casa, dirigindo de Long Beach – estava morrendo de medo de dormir ao volante.

JOVENS DE TODOS OS LUGARES QUE ESTÃO NO ENSINO MÉDIO PODEM SE IDENTIFICAR COM OS PERSONAGENS DE *GLEE*, E PAIS TÊM ENCONTRADO NOVOS CAMINHOS PARA CONVERSAR COM SEUS FILHOS. E TODOS TEMOS NOS DIVERTIDO.

A MÍSTICA DE RYAN MURPHY

O privilégio de conhecer e começar a trabalhar com um gênio como Ryan Murphy é uma das melhores coisas de estar em *Glee*. Acredito que esteja roubando essas palavras de Chris Colfer, que as disse em seu discurso quando ganhou o Globo de Ouro, mas Ryan Murphy é minha fada madrinha. Afinal de contas, quando o conheci, passamos a noite inteira falando sobre Barbra Streisand. Lembro-me de pensar que éramos muito parecidos e que ele me entendia. Ele é igualmente intenso e focado.

Sou grata a Ryan por tudo, mas, na verdade, todos devemos ser gratos, porque Ryan criou um seriado de TV que mudou a vida de muitas pessoas e abriu muitos olhos e mentes: jovens de todos os lugares que estão no ensino médio podem se identificar com os personagens de *Glee*, e pais têm encontrado novos caminhos para conversar com seus filhos. E todos temos nos divertido.

É sério, Ryan é sobre-humano: além de estar no comando de três programas de televisão, dirigir filmes e ser pai e marido, ele ainda encontra tempo para me ligar toda semana para manter um contato regular – e se atualizar sobre o que está acontecendo em *The Real Housewives*. Quando me mudei para Los Angeles, Ryan sabia que a adaptação seria difícil – que eu sentiria falta da minha vida em Nova York e que estava lutando um pouco para encontrar o meu lugar em L.A. Eu estava solteira, tentando fazer novos amigos, e estava longe da minha família; por isso, ele sempre procurou cuidar de mim. Uma noite, nos encontramos para jantar e ele me comprou uma gargantilha – uma gargantilha muito legal e original da Marni. Diria que ele estava envergonhado e constrangido por dar aquilo para mim, mas o fato de ele ter ido à Barneys para procurar alguma coisa para si mesmo e acabar comprando um presente para mim, surpreendeu-me como um dos gestos mais legais e gentis que já vi. Em um fim de semana, ele sabia que eu estaria sem nada para fazer e, então, convidou a mim e a Jonathan Groff para irmos à sua casa em Laguna. Acordei de manhã cedo, e Ryan já estava em pé, vestindo um robe chiquérrimo – estava apenas sendo ele mesmo, em sua faceta mais simples. Sentei-me no balcão da cozinha, e ele disse: "Deixa eu fazer um café da manhã pra você", e então preparou para mim uma tigela de cereais e me deu o jornal. Havia algo naquele momento singelo que eu vou me lembrar para sempre – simplesmente ver Ryan Murphy não como o homem que comanda um mundo, mas como o genuíno Ryan, o cara com um coração do tamanho da Lua, que me preparou uma tigela de cereais como café da manhã.

Nada me faria mais feliz do que trabalhar somente com Ryan Murphy pelo resto da minha carreira.

> Eu queria que este capítulo ficasse no fim do livro, porque ele traduz em que pé está minha vida hoje. Eu ainda amo *Glee* tanto quanto no primeiro dia, e estou muito animada para começar a sexta temporada. Eu, realmente, mal posso esperar o que o seriado reserva para Rachel Berry e que lições ela irá aprender a seguir.

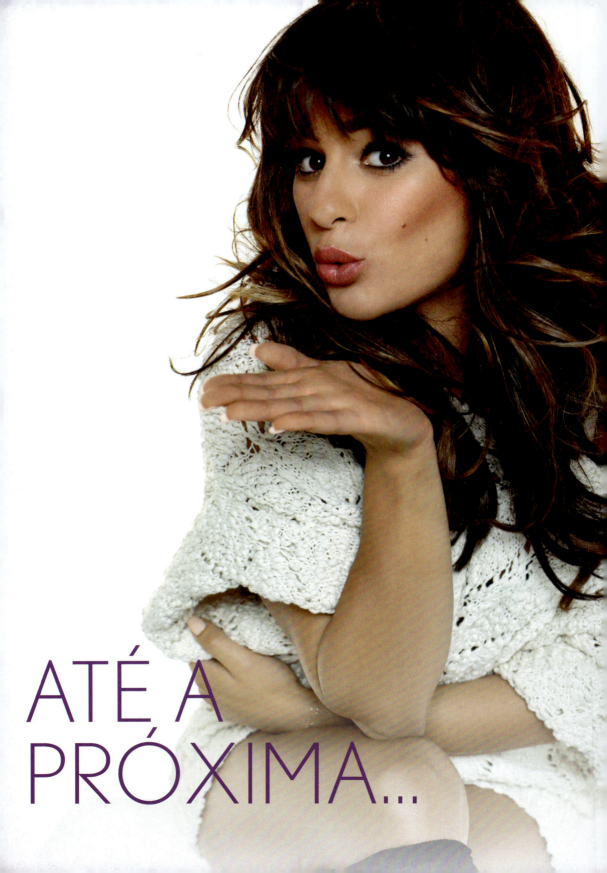

Escrever *Lea Michele: Diário de uma estrela em ascensão* foi uma experiência profunda e poderosa para mim. Não só revisitei todas as experiências de vida que me fizeram a pessoa que sou hoje, como foi possível transpor tudo isso para as páginas do que penso ser um livro muito útil. Espero que pense o mesmo!

Posso viver *Lea Michele: Diário de uma estrela em ascensão* todos os dias, mas ainda volto às suas páginas com frequência, seja para relembrar como se faz a máscara de cabelo à base de óleo de coco do Mark Townsend, ou para obter ajuda ao me exercitar em casa sem Devon do meu lado. São os meus apoios de todo dia, e fico empolgada de poder compartilhar isso com vocês. Também fico animada com a chance de mostrar para todos a minha filosofia de fazer o que precisa ser feito, tendo o céu como limite.

Por fim, esse é só o começo do movimento "estrelas em ascensão". Conforme meu mundo segue crescendo, e eu aprendo mais algumas dicas e truques, haverá mais para compartilhar. Obrigada por ler e por serem fãs maravilhosos – o apoio de vocês é tudo para mim. Mal posso esperar para conhecer todos vocês pelo caminho.

AGRADECIMENTOS

EM PRIMEIRO LUGAR, quero agradecer a todos os fãs de *Glee*, cujo apoio e amor me motivam sempre, pois são fonte de muita força e alegria.

Mãe e pai: eu amo muito vocês. Foi muito divertido escrever esse livro e mostrar ao mundo a família maravilhosa que tenho e como vocês são incríveis.

Estee Stanley, obrigada por toda sua ajuda com esse livro. Você é uma mulher linda e forte. Agradeço por transmitir essa beleza ao livro e por sempre estar ao meu lado.

Gratidão imensa a Mark Townsend e a Jenna Hipp por suas contribuições para esse livro. Muito obrigada pelo trabalho duro ao longo desses anos. E, é claro, Melanie, você esteve ao meu lado desde que cheguei em Los Angeles e nunca me deixou. Você é extremamente talentosa. Agradeço por ser minha amiga e por sempre me deixar linda.

Alissa Vradenburg, você é realmente uma supermulher. Além de me ajudar com esse livro, o álbum e tudo o mais, ainda consegue ser uma incrível amiga e confidente. Não posso agradecer o bastante por tudo o que você fez por mim ao longo dos últimos anos. Quando eu mais precisei, você estava lá. Isso é importante demais para mim.

Justin Coit, você é incrivelmente talentoso. Obrigado pelas belíssimas fotos tiradas para esse livro.

Devon Butler, desde o dia em que te conheci, você foi uma fortaleza para mim. Acho que você é uma das mulheres mais impressionantes que eu conheço. Uma amiga e uma mãe incríveis, além de ótima treinadora! Obrigada pela ajuda com esse livro e pela bela barriga de grávida. P.S.: Devon deu à luz a uma linda bebê, a Juliette.

Para todas as minhas amigas maravilhosas, que passaram poucas e boas comigo; eu não sei o que seria de mim sem vocês. Especialmente a Jennifer. Passamos por tantas coisas. Você é a minha Charlotte.

Jonathan Groff, eu te amo. Não teria sobrevivido aos últimos anos sem você. Obrigada pelo apoio e por ser o meu melhor amigo.

Elise Loehnen, o que posso dizer? Não há agradecimentos o suficiente para expressar de verdade como sou grata por sua ajuda com esse livro, mas, acima de tudo, sou grata por esse livro ter nos reunido. Me sinto honrada de poder trabalhar com você e agora chamá-la de amiga.

Um enorme agradecimento ao pessoal do Crown Archetype: Tina Constable, Mauro DiPreta, Suzanne O'Neill, Tammy Blake, Julie Cepler, Anna Thompson, Michael Nagin, Elizabeth Rendfleisch, e Jennifer K. Beal Davis. Obrigada por acreditarem em mim e por tornarem possível esse sonho.

Para Jennifer Rudolph Walsh, Andy McNicol, Jason Weinberg, Shelby Weiser, Will Ward; meus agentes, Stephanie Ritz e Sharon Jackson da WME; e Robert Offer. Amo muito todos vocês. Um agradecimento especial ao meu dedicado empresário, Adam.

E finalmente, para o Cory. Fico muito feliz que ele tenha chegado e ler esse livro. Obrigada por todos os comentários. Prometo que levei a sério cada um deles. Eu te amo.

CRÉDITOS FOTOGRÁFICOS

As fotografias das seguintes páginas têm o copyright © 2014 por Justin Coit: 21, 46, 49, 50–51, 52–53, 57, 58–59, 60, 62, 65, 66, 67, 69, 71, 72–73, 75, 77, 78, 79, 81, 82, 85, 86, 90, 95 (à esquerda, no alto da página), 96–108, 110, 112, 117, 119, 131, 132, 140, 142, 144–145, 146–165, 178, 181, e 182.

Fotografias cedidas como cortesia de Lea Michele: 5, 10, 13, 22, 25, 30, 31, 34, 35, 37, 45, 70, 93, 94 (direita inferior e esquerda), 95 (à direita no alto, no meio e embaixo), 123, 168, 173, 175, 176, 177, 184, 188, 189, 191, 192, 193, 194, 196, 197, e 198.

Páginas 2, 6, 8, 137, 139, 143, 167, e 202: © Peggy Sirota; página 14, no alto da página: © Silver Screen Collection/Getty Images; página 14, embaixo: © Ron Galella/Getty Images; página 15: © Silver Screen Collection/Getty Images; página 16: © Steve Schapiro/Corbis; página 18: © MARIO ANZUONI/Reuters/Corbis; página 19: © Kevin Winter/Getty Images; página 26: © DANNY MOLOSHOK/Reuters/Corbis; página 89: © Shutterstock/hacohob; página 94, no alto da página: © Hocus Focus Studio/E+/Getty Images; página 95, direita inferior: © Shutterstock/Aaron Amat; página 111: © Dominique Charriau/Getty Images; página 114: © Shutterstock/Petrov Yevgeniy (esquerda) e © Shutterstock/millicookbook (direita); página 115: © Shutterstock/davorana; página 120: © Jason Merritt/Getty Images; página 125, à esquerda, e página 129: © Jon Kopaloff/Getty Images; página 125, à direita: © Jonathan Leibson/Getty Images; página 126: © Steve Granitz/Getty Images; página 127: © Dan MacMedan/Getty Images; página 134: © Fairchild Photo Service/Condé Nast/Corbis; página 185: © Shutterstock/daffodilred; página 186: © FOX/FOX Image Collection/Getty Images.

TIPOGRAFIA	GARAMOND E NOBEL
IMPRESSÃO	ASSAHI